崔子忠研究

上卷

宋磊 编著

天津出版传媒集团

天津人民美术出版社

图书在版编目（CIP）数据

崔子忠研究. 上卷 / 宋磊编著. -- 天津 : 天津人民美术出版社, 2024.12

ISBN 978-7-5729-1507-9

Ⅰ. ①崔… Ⅱ. ①宋… Ⅲ. ①崔子忠（?-1644）—中国画—绘画评论 Ⅳ. ①J212.052

中国国家版本馆CIP数据核字(2024)第052058号

总卷

编　著：宋　磊

编　委：宋少伯　姜仁珍　范韶华　王　悦

上卷

编　著：宋　磊

编　委：姜仁珍　范韶华　王　悦

下卷

编　著：宋　磊

顾　　问：杨惠东　田殿卿　牟少岩

策　　划：宋竹行　宋少伯

装帧设计：田殿卿　王　巍

项目设计：赵紫平　闫晓辉　吴　倩

前言

崔子忠（1595—1645），始名丹，字道母。改名子忠，字开予、开子。又字道母、道册、青蚓、清引、青引。号北海，以字为号，又号青蚓等。[1]明山东承宣布政使司登州府莱阳县（今山东省莱阳市）人。侨居顺天（今北京市），补府学生员。通五经，工诗文，擅画山水人物。画与诸暨陈洪绶齐名，世称"南陈北崔"。传载《明史》《清史稿》等。

作为中国美术史上杰出的画家，崔子忠实现了古代士人立德、立功、立言的理想。在立德方面，他秉承儒家道德伦理观，忠君爱国，怀千秋之志，行天下士之事，高蹈魏晋风度，馨化乡风，生前即被人们视为郭泰式的人物和高士，死后被奉为"仁义爱国多福之神""民族英雄"，[2]享祀名山；在立功方面，他继承唐宋绘画传统，广收博取，锐意创新，一扫万历以来颓废萎靡的画风，与陈洪绶一起，把明代人物画提升到崭新的高度，影响清代以降三百多年人物画走向；在立言方面，他独创"青蚓体"绘画风格，创作出一大批脍炙人口的经典名作，至今作品遍布世界各大博物馆、美术馆，成为研究学习中国古代人物画绕不过去的门槛。他是著名的理学家、诗人、画家、书法家……古人云立德、立功、立言三不朽，得其一即可流芳百世，他一人独膺三者，可不盛欤？

然而，斗转星移，如今"南陈"陈洪绶画名如日中天，"北崔"崔子忠却少有人提及和进行专门研究，不仅一些专业画家对其知之甚少，甚至有学者认为"南陈北崔"口号只是一时的权宜之称，而不足为真正的历史性定论。这种状况对崔子忠来说显然是不公平的。抛开立德、立功不谈，仅从艺术上看，其造诣也不在陈洪绶之下，如果从作品的精神性、人文性考量，"北崔"甚至有过于"南陈"，尤为文人学者所喜爱[3]，正如董其昌、孔尚任、秦祖永等人所言"其人、文、画皆非近世所常见"[4]；"字与画皆儒者笔墨"[5]；"取法高古，布墨灵秀，意趣在晋唐之间，……其笔墨之称重于艺林者，不在文沈下也""明季忠义之士，其画尤足重也"[6]。

作为古代文人画家的典型，"北崔"是研究中国古代绘画绕不过去的门槛。深入研究崔子忠，不仅对健全完善中国美术史具有重要学术价值，对深入了解古代文人画家的精神世界，包括西学东渐的过程，指导当下主题性人物画创作，也具有一定的现实意义。然而，由于崔子忠一生不求闻达，明清易代时又突遭国难家祸，留下的史料少之又少，截至今天，其竟成为美术史研究的难解之谜，令人困惑不已。20世纪60年代以来，中外学者开始对崔子忠展开研究，发表了许多颇有价值的研究文章。国内外的一些博物馆、美术馆、拍卖机构等也举办过一些展览活动，出版过相应的文集和图册，对推动崔子忠研究起到了积极作用。然而，由于缺乏基础性材料，研究或停留在对古代文献的综述，或将其归于某种绘画风格类型综合论之，截至目前，国内外尚未出版全面展示崔子忠生平与艺术的研究性专著。[7]

该书从研究崔子忠的族谱《胶东崔氏族谱》入手，系统对崔子忠的家族文化背景、师承关系、与莱阳宋氏的关系、北京友人圈、死亡原因、"南陈北崔"等基础性问题进行研究，借助第一手资料和实地调研，解决了许多令人困惑的问题。如《崔子忠家族背景研究》等，揭示了崔氏家族医学、道学、礼学、文学混成的文化背景，为研究崔子忠的人品和艺术，提供了基础性支持；《崔子忠的绘画老师及其师法的诗书画家》及《崔子忠的弟子及后世师法者》，揭示了崔子忠绘画所具有的宫廷绘画基因和对明清、民国仕女画的影响；《崔子忠晚年的隐居生活与绘画创作》，通过对崔子忠晚年主要作品的考证分析，揭示了崔子忠坚定维护明王朝统治的政治态度和具有符箓性质的绘画风格；《崔子忠之死》，揭示了明亡后崔子忠不食清粟而死的秘密，还原了他"忠义之士"的形象，等等，将崔子忠的思想观念、生活态度和审美取向，较为完整地展现在读者面前，许多观点发前人所未发，颇具启迪意义。[8]

崔子忠传世作品总计不过百件，可谓珍若星凤。为达到全面展示其绘画面貌的目的，编者面向国内外各大博物馆、美术馆、图书馆和收藏机构广泛征集崔子忠及其老师、学生的作品，精心采撷，几乎将崔氏一派的代表性作品尽收囊中。同时编撰崔子忠作品编目，归类理序，使之与图版相呼应，图文并茂，为研究崔氏绘画和崔派艺术传承，提供可靠依据，观之令人豁然开朗。

这部上下两卷，总计三十多万字、二百多幅图片的著作，可以说是目前国内外第一部较为系统地研究崔子忠生平和绘画的学术专著，对崔子忠个案研究无疑具有筑基意义，其或并不完美，但也瑕不掩瑜，相信出版后，必将为新时期崔子忠研究、"南陈北崔"研究、明清人物画研究等提供新的视角。

编者

2024年3月1日

注释：

[1] 关于崔子忠的名字，历史记载十分庞杂，综合崔子忠同窗好友及同时代人的记载，包括《明史》《清史稿》《（民国）山东通志》《复社姓氏录》等权威典籍，参考其个人题识、钤印，可以得出如下较为可靠的信息：始名丹，字道母，改名子忠，字开予、开子，又字道毌、道毋、青蚓、清引、青引，号北海、青蚓。古人名字相表里，从崔子忠出生于道教世家、身为道教徒及其可能出继他人的背景看，"丹"与"道母""道毋""道毌"对应，可构成其追求的道教精神世界；"子忠"与"开予""开子"对应，可表达其忠孝传家的理念和较为积极的人生态度；而从五行学说的角度看，"丹"（按：南方色，属火）与"青蚓"（按："青"，东方色，属木；"蚓"，土龙之谓，中央色，属土）、"道毌"（按："毌"，古同"贯"，含金，西方色）、"清引"（按："清"，含水，北方色）结合，兼以"青引"，以木为始，又能形成木生火、火生土、土生金、金生水、水生木的生命运势，构建起生生不息、不同流俗的道教世界。总之，这些名字相互关联，寄意深远，深刻地反映出道教思想的要义和崔子忠的世界观，缺一不可，显示出毋庸置疑的真实性。需要说明的是，在一些道教经书中，"道母"虽然是与南帝、北帝并称的人格神，颇有禁忌，但在早期道教中却不是神，而是指道教信徒的一种，特指完成了合气之术的信道之人（道姑、道男冠、女官、道父、道母、神君、种民），且道经中不仅有代表道体生化万物的"道母"，还有代表身中神的"道母"（参见廖宇《道教时日禁忌探源》，巴蜀书社2017年版，第66—67页），崔子忠崇古尚奥，不同流俗，完全可以字"道母"。综上，崔子忠的名字可能经历了如下变化过程：始名丹，字道母；完成合气之术（或成家）后字道母；过继他人（或生活发生某种改变）后改名子忠，字开予、开子；为补充、理顺五行关系，又字道毌、青蚓、清引、青引；号北海，以字为号，又号青蚓等。

[2] 耿保仓等编著《保定地区庙会文化与民俗辑录》，天津古籍出版社，2007年，第238页。

[3] 参见木易《文献立新证 画史导预流——评宋磊新著〈崔子忠研究〉》，《中国美术》2021年第5期，第110—111页。

[4] 参见 [清] 王崇简《青箱堂文集》卷八《都门三子传》，收入《四库全书存目丛书》集部第二〇三册，齐鲁书社，1997年，影印本，第497页下栏。

[5] 黄宾虹、邓实编《美术丛书》初集第七辑《享金簿》，浙江人民美术出版社，2013年，第222页。

[6] [清] 秦祖永：《桐阴论画二编》上卷《崔子忠神品》，清光绪八年（1882）刻朱墨套印本，第15页。

[7][8] 同 [3]。

凡 例

一、鉴于崔子忠研究资料匮乏、学者无从措手的现状，本书重点研究与崔子忠有关的基础性问题，广为搜集原始资料并加以整理，以构筑未来研究的基础，而非一部完整的崔子忠传记。

二、本书分为上、下两卷。上卷主要包括崔子忠、崔子忠的老师（含其师法的书画家）、崔子忠的弟子（含后世师法者）的作品，崔子忠作品编目，历代学者对崔子忠的评论，以便直观了解崔子忠绘画的整体面貌、师承关系及其对后世绘画的影响；下卷以研究文章为主，包括《〈胶东崔氏族谱〉与崔子忠》等十五篇，主要研究与崔子忠生活、艺术有关的一些基本问题。两卷前后呼应，力求浑然一体，不再在文中注明参考某图。

三、每篇研究文章独立成篇，注释自备，大体按照崔子忠的生命轨迹排列。遇到需要他篇解释的问题，则在括号中注明"参见本书某篇"，以便查证。为便于说明某个问题和阅读方便，某些内容难免有重复。历代评论选取与本研究有关的内容，以明、清、民国学者的评论为主。

四、行文以一、（一）、1、（1）的层级标注章节段落。文中地名、人名原则上以当时名称为准。纪年用原朝代年号并在括号中标注公元年，如："明天启六年（1626）"等。

五、文中引用的文献、观点保持原文，行文则按照统一标准进行处理，如文献记载崔子忠字"道毋""道冊""道母"，引文照抄原文，行文统一称其为字"道母"。遇有繁体字和一般的异体字，则直接改为简体字，如朱彝尊记载"崔陈人物最瓌奇"之"瓌"，改为"瑰"；《（光绪）顺天府志》记载"然寄託之情一也"之"託"，引文作"託"，统一作"托"，以此类推。人名、地名保留异体字。

六、《崔子忠年谱》编年以明朝年号（含南明弘光、隆武政权）为主线，从崇祯十七年（1644）开始并列明、清两朝年号，依次编写（黑体字）。【事迹】正文部分（宋体字加重）记录本年崔子忠及其直系亲属的事迹，引证文献（宋体字）附其后，大约按照正文叙述顺序排列，需要说明的问题加按语（宋体小号字）。【时事】部分（宋体字）记录同年历史文化事件。年谱中凡称"去年"，即指本年前一年，"明年"则指本年后一年，其他以此类推。

七、文章注释包含引用文献、作品等，其中，古代文献信息主要采自国内各大专业数据库（名略），书名、版本等内容约同其例。

八、本书收录的崔子忠及其老师、弟子、后世师法者的作品，除注明"传""佚名""备考"者外，笔者均认为是署名者的作品，文责自负。作品名称原则上采用收藏机构提供的名称，引用文献作品原则上沿用原来名称。图版作品编排大体按照创作年代先后排序。绘画作品编目与考略的作品顺序与图版略有出入，不再说明。作品尺寸以厘米界定，遇到古尺，以清营造尺换算标准进行计算。尺寸信息不详的作品则不再标注。收藏机构标注最近收藏者名字，未知，则标注原收藏者名字，相关信息不明者不再标注。

九、本文关于崔子忠生年（1595）依据其作品《品画图》记载及其好友王崇简记载，台北故宫博物院清宫档案等为证。其卒年（1645）详见书中《崔子忠生卒年考》一文。本书《图书在版编目（CIP）数据》中，崔子忠的生卒年"（？—1644）"引自《辞海》，信息与本书《崔子忠生卒年考》一文有出入，其与出版需要有关，而非对崔子忠生卒年的最终定义。

十、本书为学术专著，限于探讨历史事实，就事论事，不涉及非学术性问题，如有重合者，请勿外延其义。

十一、本书中故宫博物院、国家图书馆、上海博物馆、首都博物馆、河北博物院、山东博物馆、烟台市博物馆、香港中文大学文物馆以及美国弗利尔美术馆、普林斯顿大学艺术博物馆、克利夫兰美术馆、查森美术馆、英国大英博物馆有限公司（BMCo）等机构提供的作品，版权所有，他人不得翻印出版（含电子出版、网络传播等）和用于商业、公共活动等，编者保留相应的权利。

目录

001	**壹 ◆ 崔子忠绘画作品**	042	桐荫博古图
002	品画图	044	洗象图
004	春夜宴桃李园图	046	洗象图
006	仙人瑞兽图	047	唐代宫女图
008	藏云图	048	伏生授经图
012	渔父图	050	人物故事图
014	白描佛像图	052	葛洪移居图
018	云林洗桐图	056	洗象图
020	长白仙踪图	059	文殊洗象图
024	渔家图	060	云中鸡犬图
027	临池图	062	云中玉女图
028	货郎童儿图	064	《息影轩画谱》
030	天中货郎图	162	左忠贞公肖像
032	山水人物图册页		
034	杏园送客图	163	**附 ◆ 崔子忠的绘画老师及师承的书画家作品**
036	问道图	164	西王母图
037	扫象图	166	蕉荫赋诗图
038	三酸图	167	行书宝鼎歌轴
040	苏轼留带图	168	关山雪霁图

170	十六罗汉图	*188*	斗寒图
172	千峰万壑图	*189*	梅竹幽禽图
173	杏花双燕图	*190*	岁寒守岁图
174	明二家法书合卷（局部）	*191*	庞虚斋抱兔图
175	**附◆崔子忠的弟子及后代师法者作品**	*193*	**贰◆崔子忠绘画作品编目及考略**
176	楷书诗轴		
177	山水图册之六、之十	*219*	**叁◆崔子忠题识、题跋**
178	临李成《寒林图》卷		
180	春泉洗药图（局部）	*223*	**肆◆历代评论**
181	元机诗意图		
182	薛宝钗林黛玉		
183	红装素裹图		
184	钟馗图		
185	鼓琴纨扇图		
186	仿崔陈麻姑像图		
187	麻姑图		

壹·崔子忠绘画作品

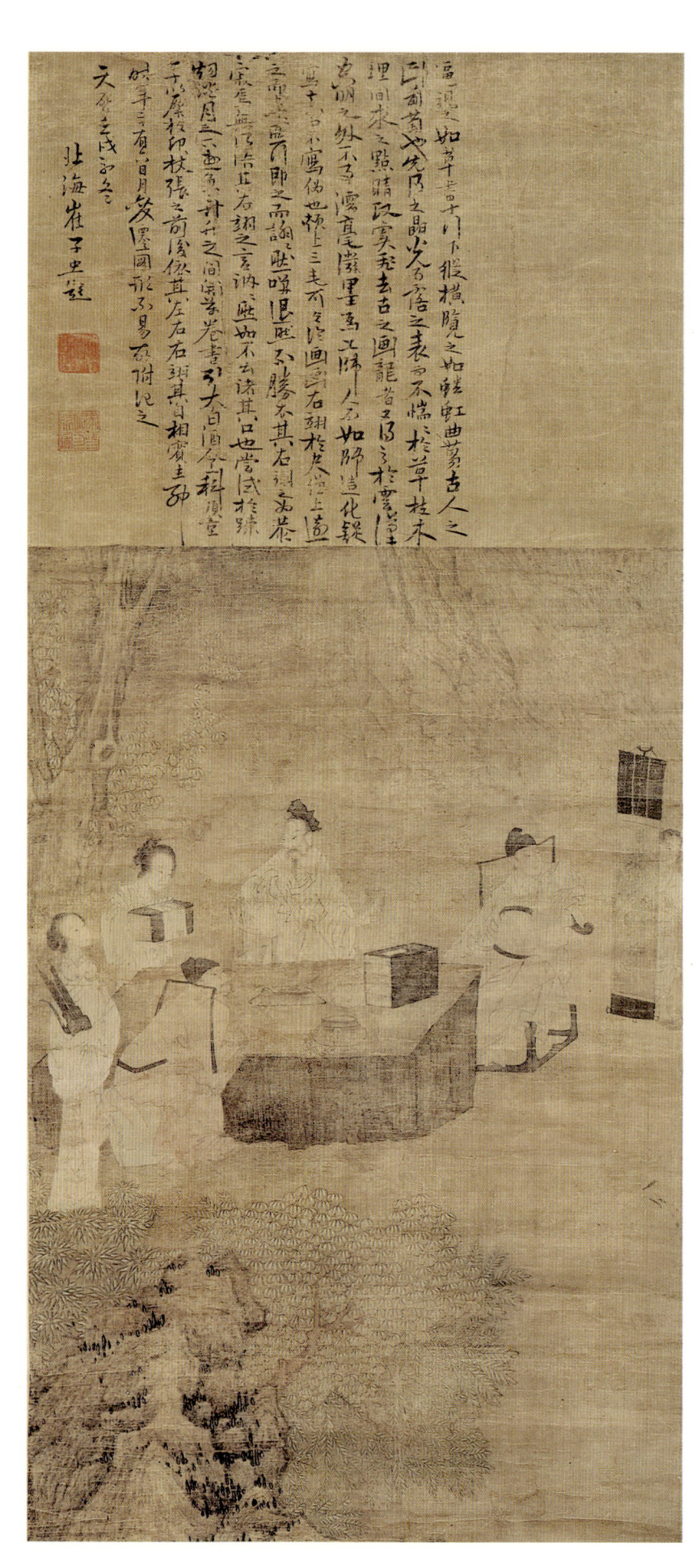

品画图

明天启二年（1622）

绢本　设色

纵 91.5cm　横 41.5cm

美国普林斯顿大学艺术博物馆藏

品画图（局部）

春夜宴桃李园图

绢本　设色
纵 120cm　横 45.4cm
山东博物馆藏

春夜宴桃李园图（局部）

仙人瑞兽图

明天启六年（1626）
纸本　设色
纵 108.5cm　横 49.4cm
香港中文大学文物馆藏（北山堂赠）

仙人瑞兽图（局部）

藏云图

明天启六年（1626）

绢本　设色

纵 189cm　横 50.2cm

故宫博物院藏

藏云图（局部一）

藏云图（局部二）

藏云图（局部三）

渔父图

纸本扇面　设色
纵 17.5cm　横 31.5cm
首都博物馆藏

渔父图（局部）

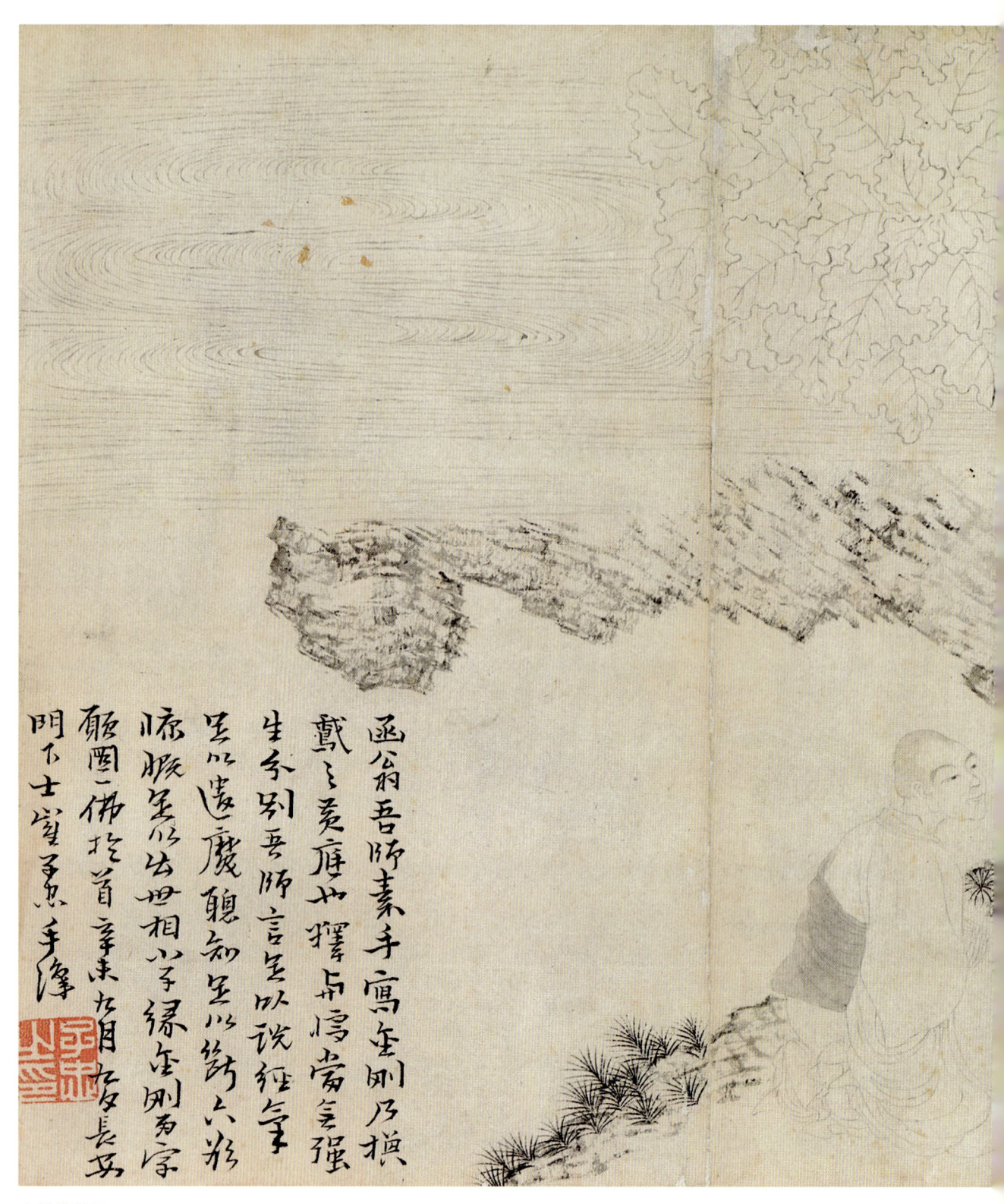

白描佛像图

明崇祯四年（1631）
纸本　水墨
纵 30cm　横 56cm
上海博物馆藏

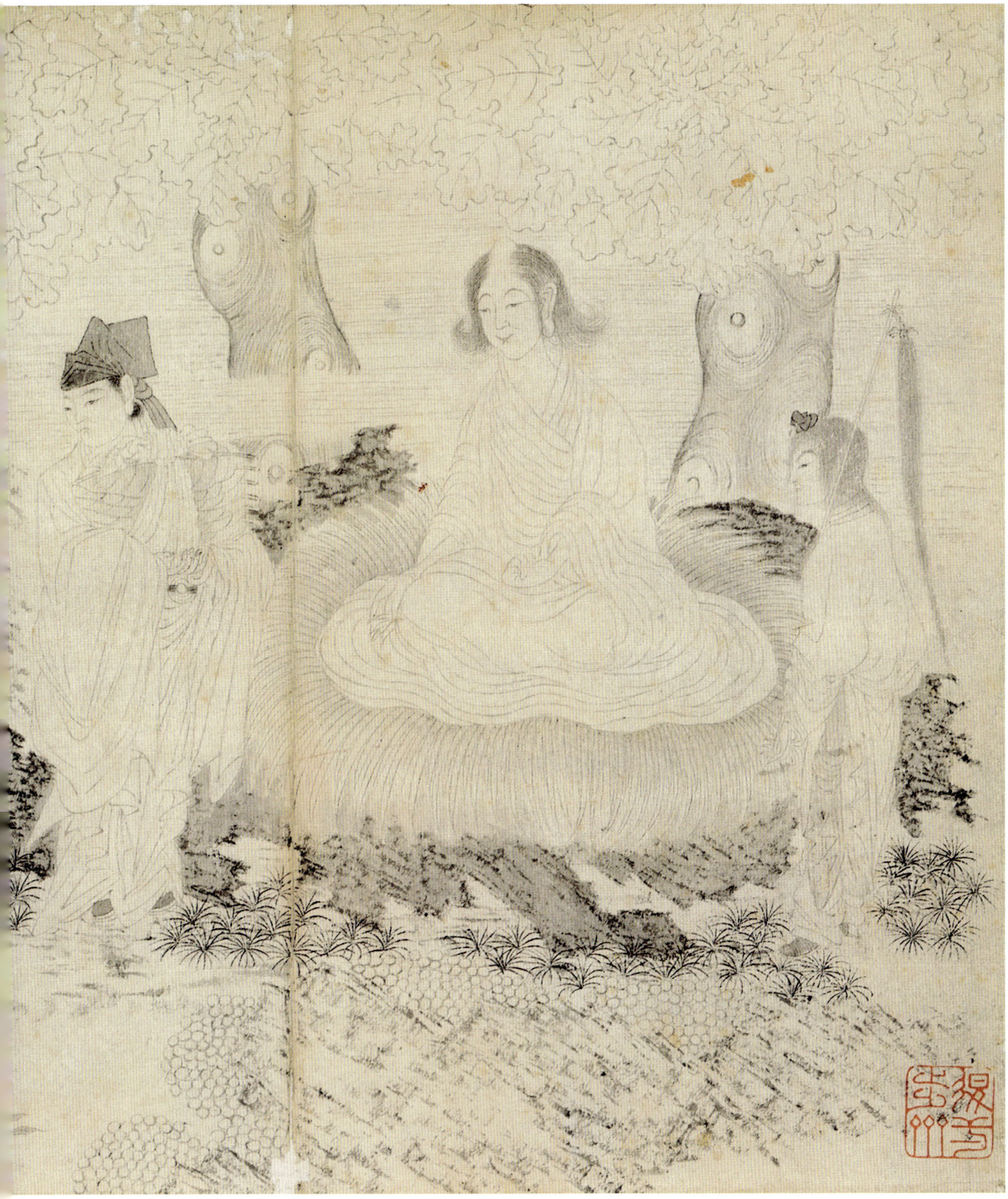

白描佛像图（局部一）

壹 ❖ 崔子忠绘画作品

白描佛像图（局部二）

云林洗桐图

约明崇祯六年（1633）

绢本　设色

纵 160cm　横 53cm

台北故宫博物院藏

云林洗桐图（局部）

长白仙踪图

明崇祯七年（1634）
绢本　设色
纵 35.6cm　横 97.4 cm
上海博物馆藏

甲戌三秋同里後學崔子忠奉

葉翁太老師沐手謹圖

长白仙踪图（局部一）

长白仙踪图（局部二）

渔家图

金笺扇面　设色
纵 17.6cm　横 52.3cm
故宫博物院藏

渔家图（局部一）

渔家图（局部二）

临池图
明崇祯九年（1636）
绢本　设色
纵 174.8cm　横 59.2cm
唐风楼旧藏

货郎童儿图

明崇祯九年（1636）
缎本　设色
纵 205cm　横 125cm
英国大英博物馆藏
(©The Trustees of British Museum. rights reserved.)

货郎童儿图（局部）

天中货郎图

绢本　设色
纵约 110.1cm　横 46.4cm
故宫博物院藏

天中货郎图（局部）

山水人物图册页

纸本　设色
纵 27.7cm　横 37.3cm
美国弗利尔美术馆藏（查尔斯·郎·弗利尔捐赠）

山水人物图册页（局部）

杏园送客图

明崇祯十一年（1638）
绢本　设色
纵 153.7cm　横 52.4cm
美国查森美术馆藏

杏园送客图（局部）

问道图

纸本扇面　设色
纵 20.8cm　横 60.2cm
故宫博物院藏

壹 ✦ 崔子忠绘画作品

内空外空内外空言扫
象示宗风东坡首画 分明
写笔墨大同云亦同
辛亥春日卿冠

北海笙子忠

扫象图
纸本 设色
纵 101.2cm 横 53.3cm
台北故宫博物院藏

三酸图（原名《三个吃水果的学者》）

绢本　设色
纵 26.3cm　横 27cm
瑞典国家世界文化博物馆（远东古物博物馆）（欧内斯特·埃瑞克森）藏
[CC BY.（Ming）Cui ZiZhong, *Three Fruit-Eating Scholars*. Collection No.OM-1989-0070.Source:National Museums of World Culture-Museum of Far Eastern Antiquities(Ernest Erickson Collection),Sweden. https://collections.smvk.se/carlotta-om/web/object/109212.]

三酸图（局部）

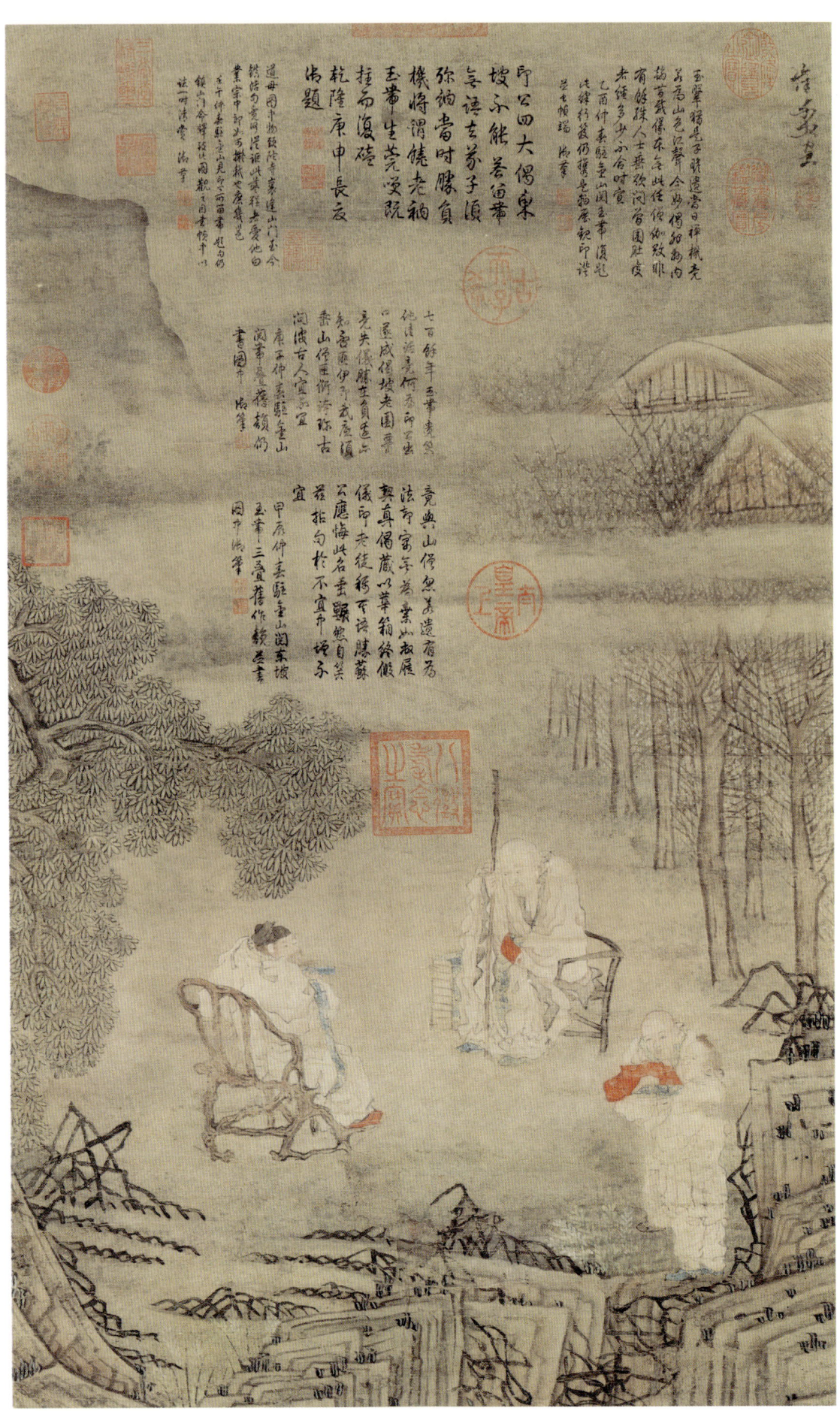

苏轼留带图

纸本 设色
纵 81.4cm 横 5
台北故宫博物院

苏轼留带图（局部）

桐荫博古图

明崇祯十三年（1640）
纸本　设色
纵 181.2cm　横 75.3cm
台北故宫博物院藏

桐荫博古图（局部一）

桐荫博古图（局部二）

洗象图

明崇祯十三年（1640）
绫本　设色
纵 177.5cm　横 50.7cm
上海博物馆藏

洗象图（局部）

洗象图

绢本　设色
纵 124.3cm　横 52.1cm
美国弗利尔美术馆藏
（查尔斯·郎·弗利尔捐赠）

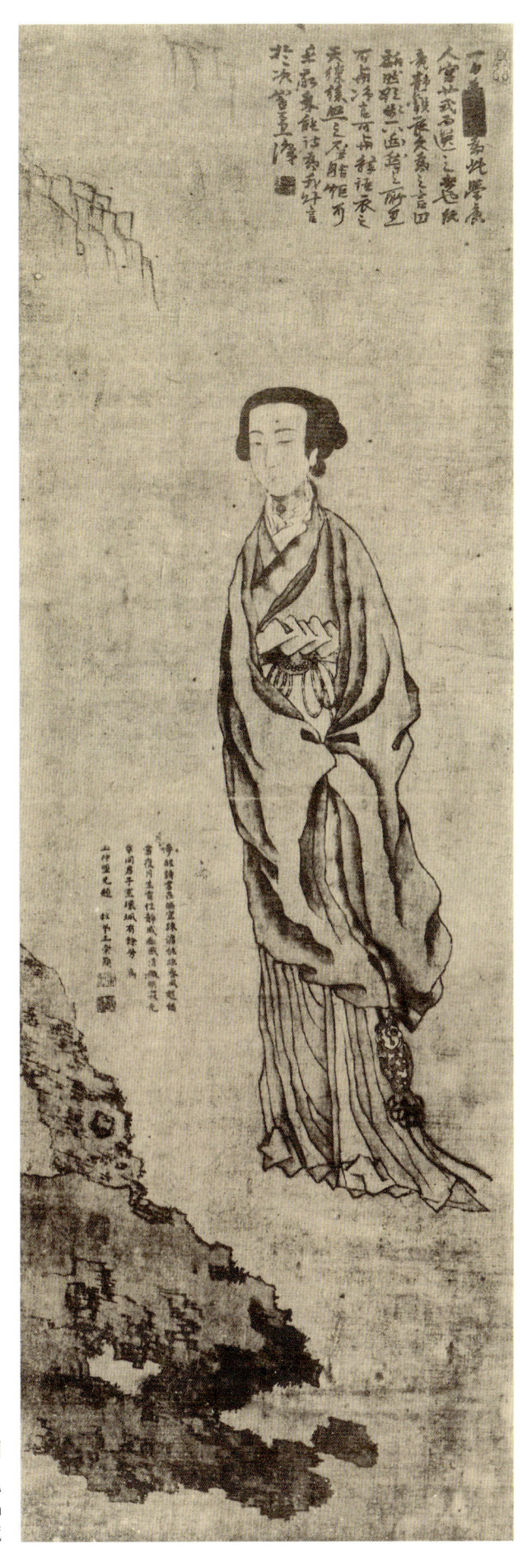

唐代宫女图

绫本　设色
纵 220.8 cm，横 81.6cm
宋璜原藏

伏生授经图

绢本　设色
纵 184.4cm　横 61.7cm
上海博物馆藏

伏生授经图（局部）

人物故事图

绢本 设色
纵 55cm 横 65cm
烟台市博物馆藏

壹 ◆ 崔子忠绘画作品

人物故事图（局部）

葛洪移居图

绢本　设色
纵 165.6cm　横 64.1cm
美国克利夫兰美术馆藏

葛洪移居图（局部一）

葛洪移居图（局部二）

葛洪移居图（局部三）

洗象图

绢本　设色
纵 136.5cm　横 51cm
故宫博物院藏

洗象图（局部一）

洗象图（局部二）

壹 ◆ 崔子忠绘画作品

文殊洗象图
（原被认为是宋人作品）
平等阁旧藏

云中鸡犬图

绢本　设色
纵 191.4cm　横 84cm
台北故宫博物院藏

云中鸡犬图（局部）

云中玉女图

绫本 设色
纵 168cm 横 52.5cm
上海博物馆藏

云中玉女图（局部）

息影轩画谱

（清）康熙十二年刻本

国家图书馆藏

《息影轩画谱》

息影轩残稿序

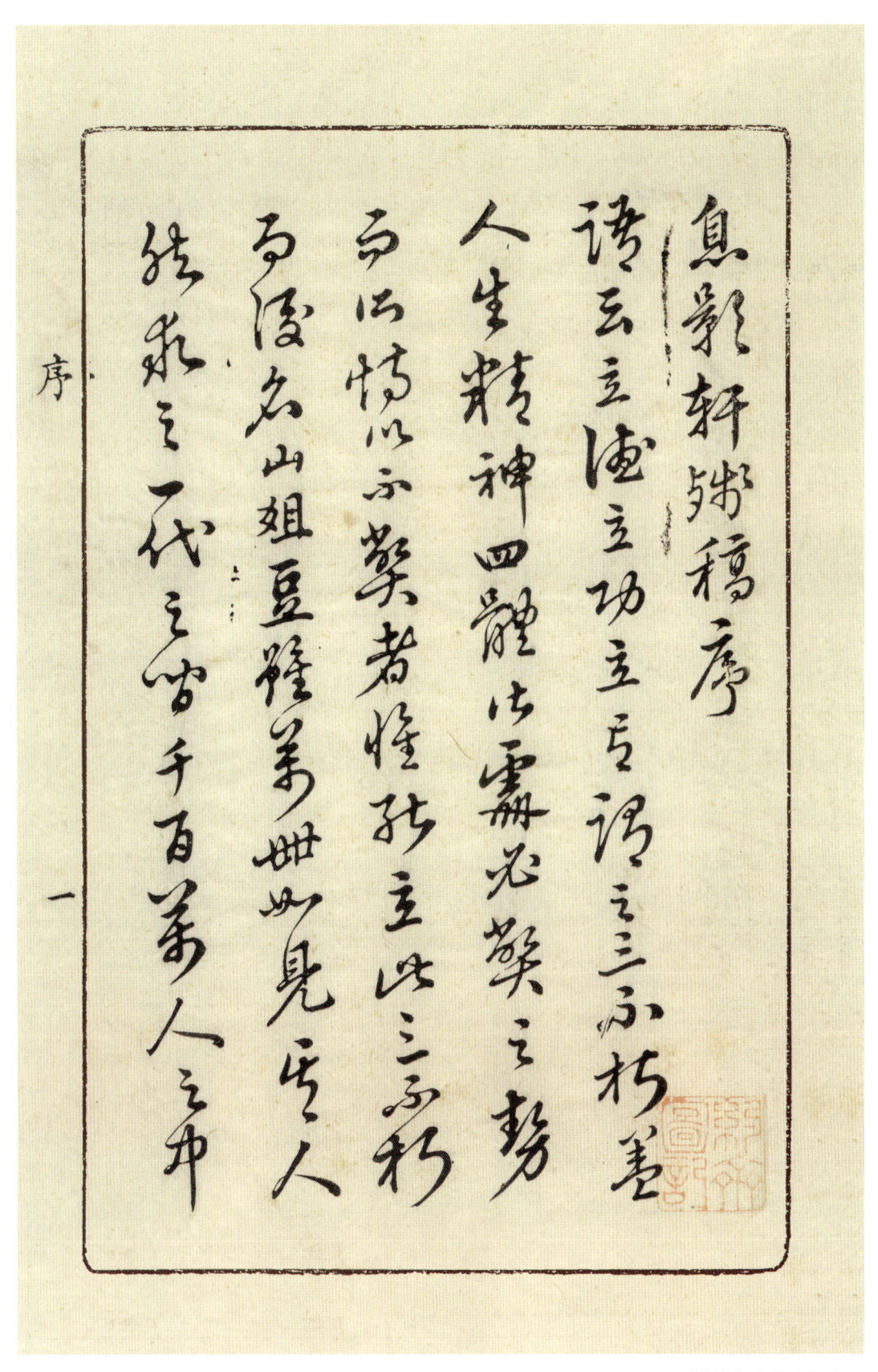

语云立德立功立言谓之三不朽盖
人生精神四体终必霜花萎之势
而位惊似不乘者悔独主此三不朽
而后名山姐豆耀莫册如见其人
徒亦之民之当千百万人之并

序

一

《息影轩残稿序》之一

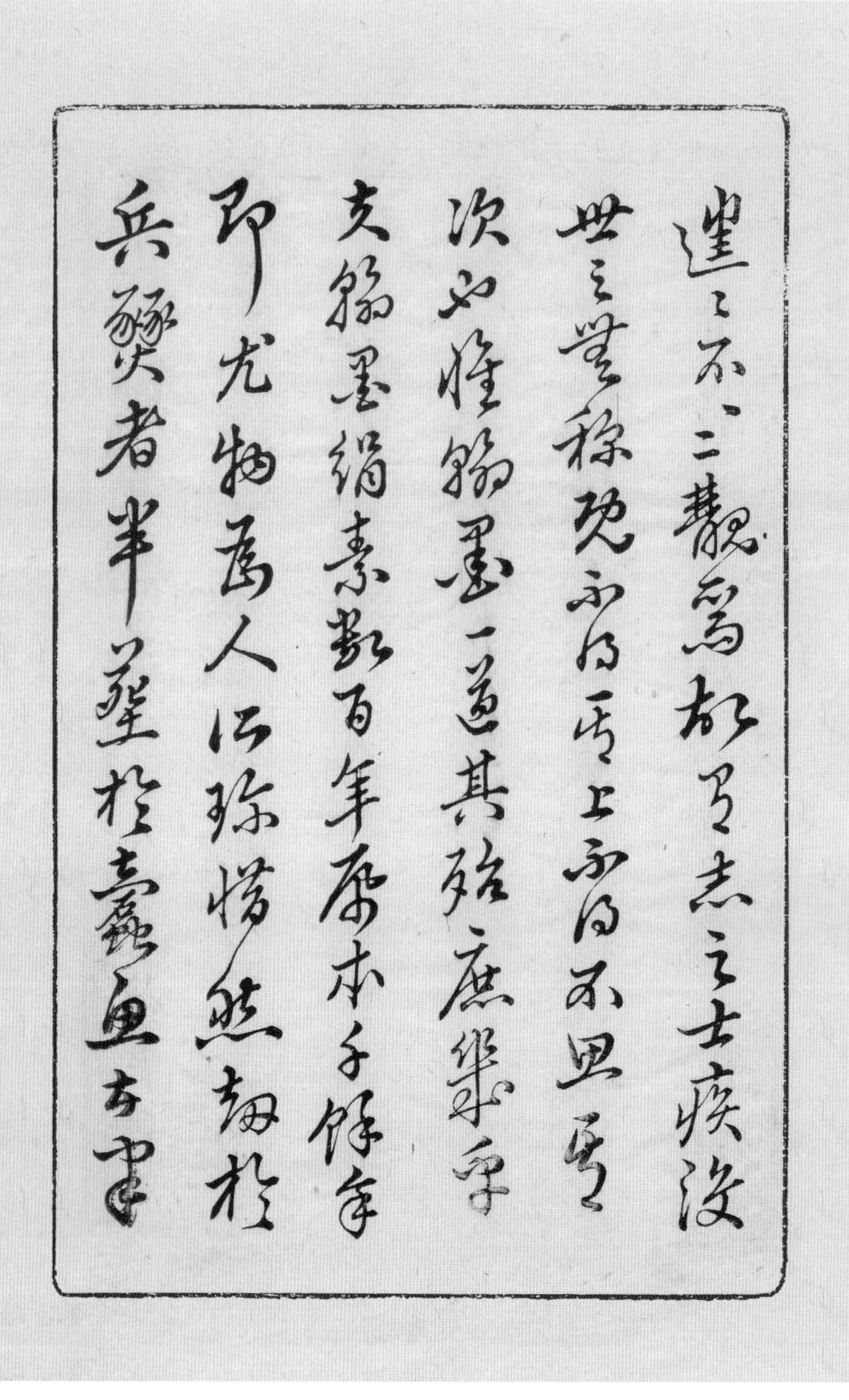

进之不二载鸣郁志之士疾没
世之誉称砚田耳上胥不旦号
次必修翰墨一道其殆庶几乎
支翰墨绢素凡百笔庆木子馀
即尤物为人已孙惜然每於
兵燹者半毁於嘉画方云

《息影轩残稿序》之二

非朽是不朽乎难求是又
必需必艰之势而怅恨不获者
惟付剞劂广传后天不得死庶
几乎余友崔子忠非天人字道
毋工画好读书天原晴雨府
庚生甲申之岁壹入土室而死

序 二

《息影轩残稿序》之三

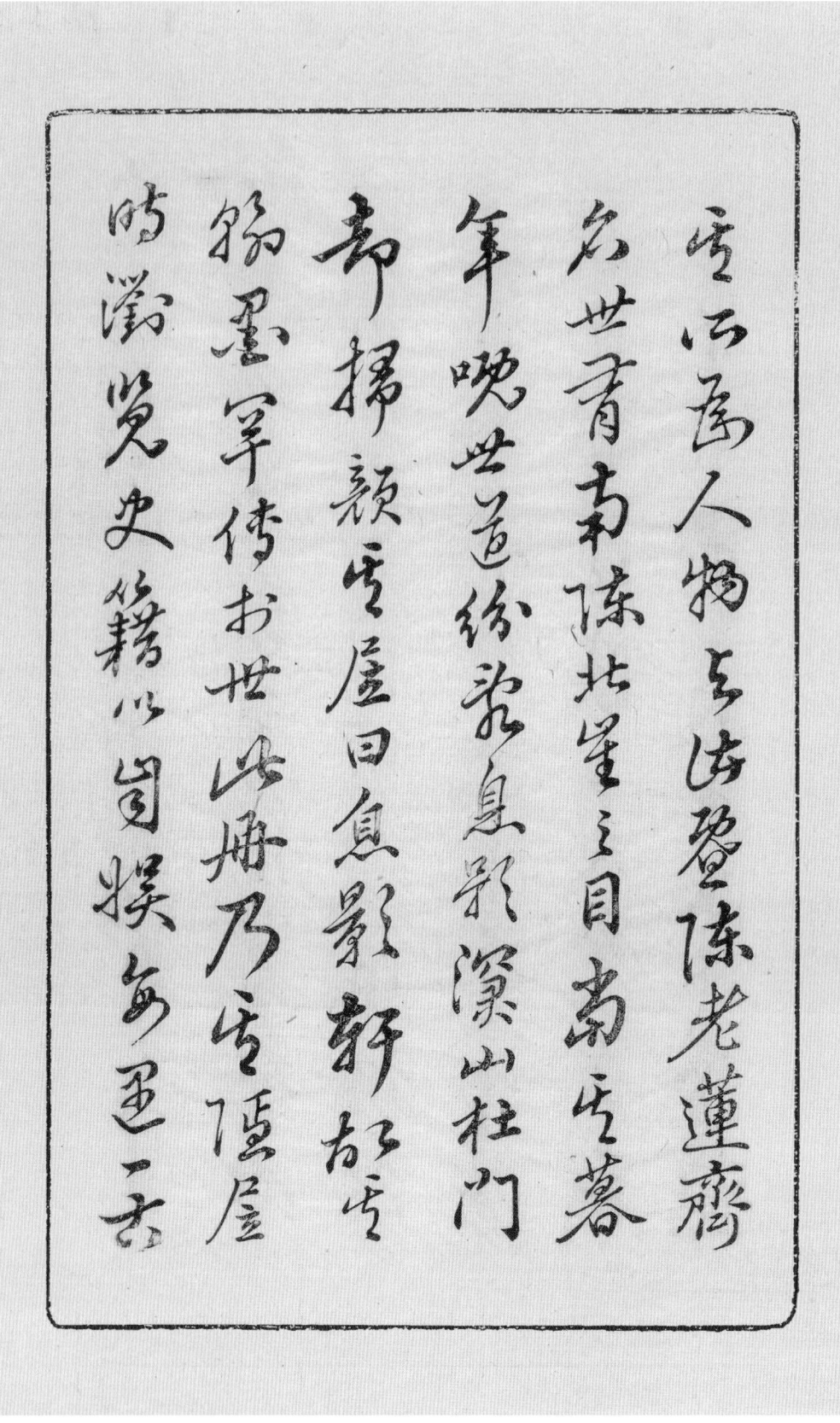

善画人物号法登陈老莲斋名世青南陈北崔三目南唐蓉年唤世道纷歌息影溪山杜门却扫颜亡屋曰息影轩郁亡翰墨军伴于世此册乃亡陋屋时游觉史籍以自娱无乃一云

《息影轩残稿序》之四

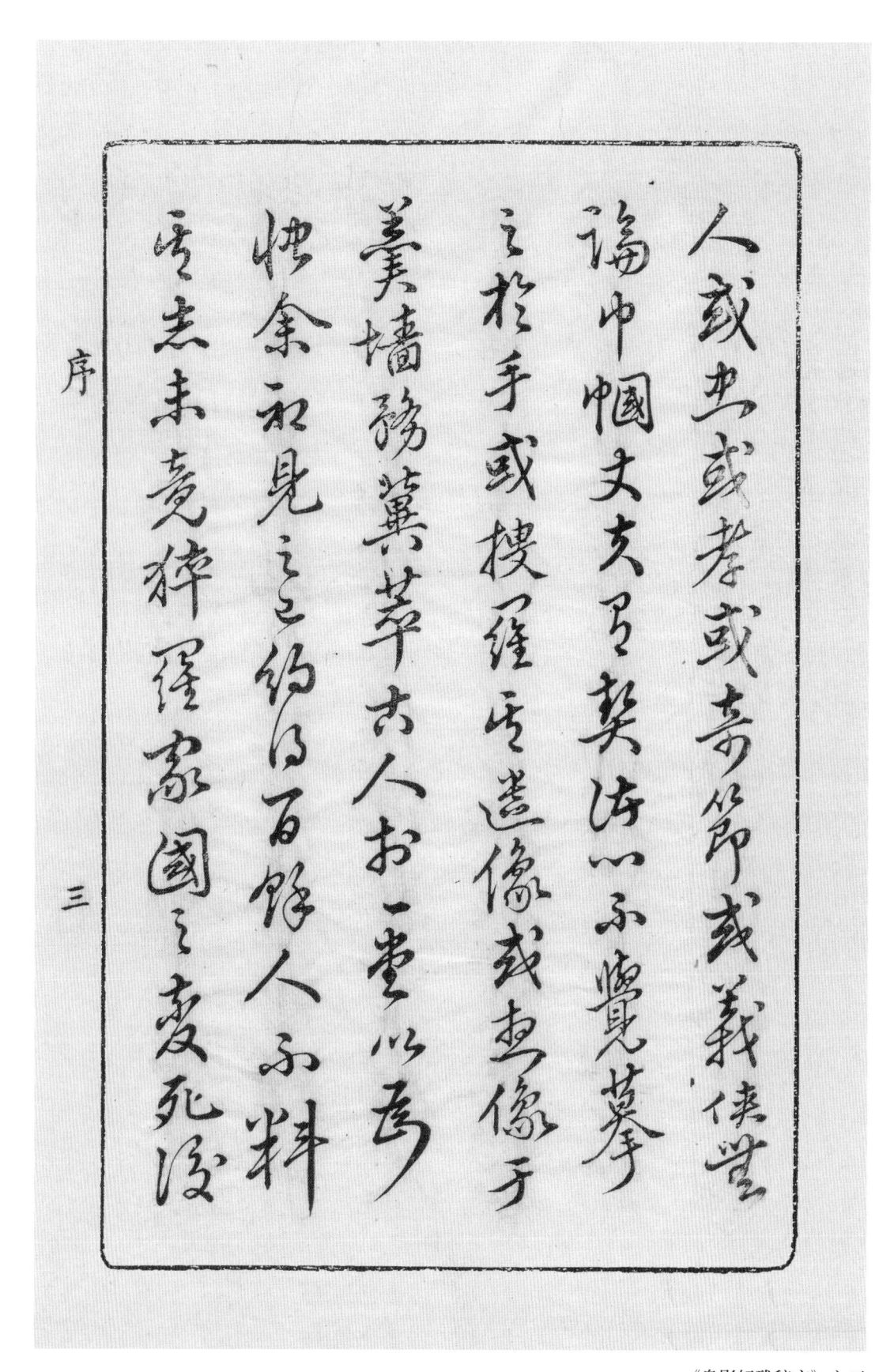

人或忠或孝或奇節或義俠豐
論巾幗丈夫昂奘徠以不覺摹
之於手或搜羅遺造像或畫像于
羹牆髣髴古人亦一畫以為
悵余初見之約凡百餘人不料
雲去未竟猝罹家國之變死沒

《息影軒殘稿序》之五

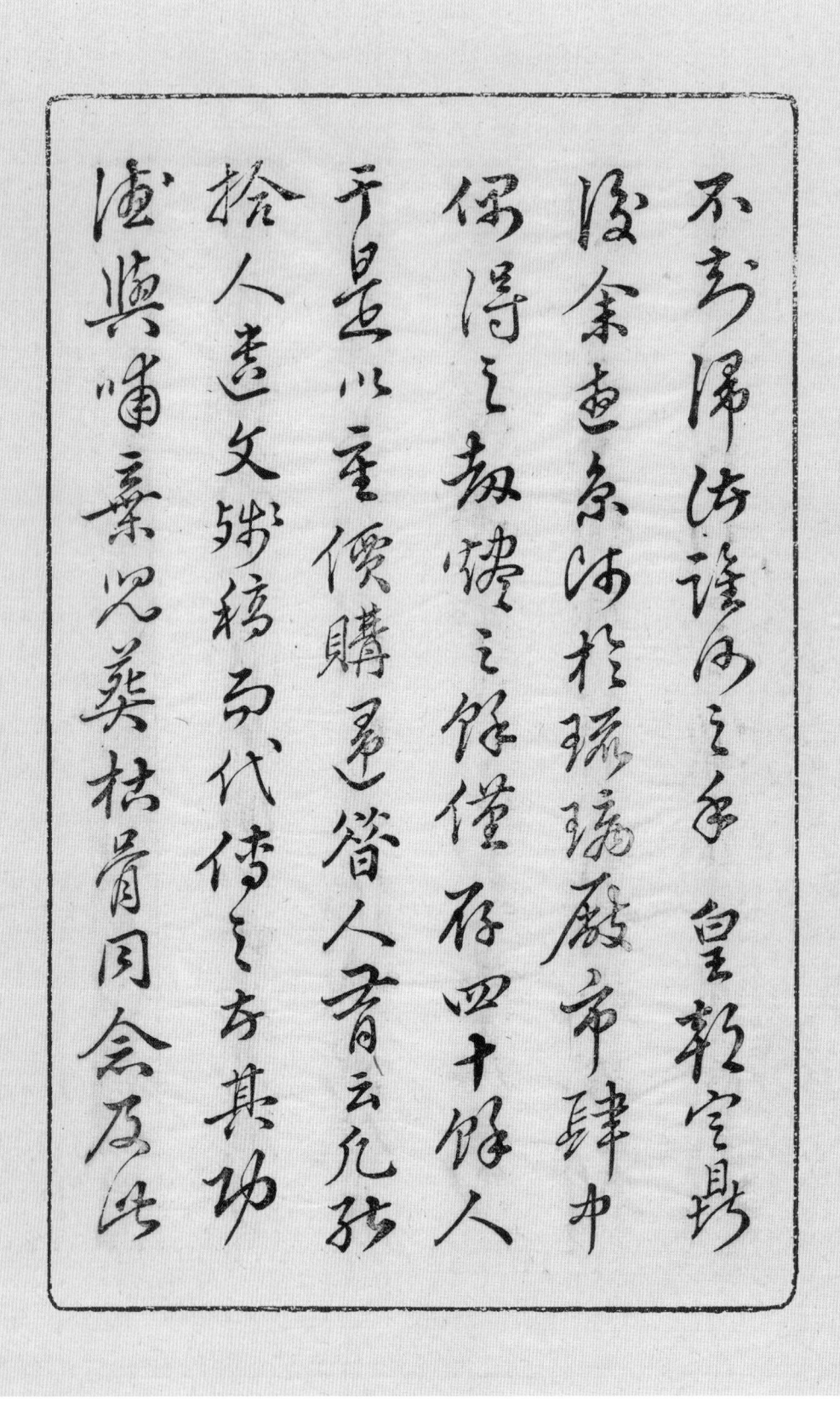

不书归游谁得之手 皇报室事
後余画东河於琉璃廠市肆中
偶得之敕鞞之作僅存四十餘人
于是以重價購是皆人青云九族
拾人遗文缀稿句代传之方其功
渲染喃棠况矣枯骨同会庶洪

《息影轩残稿序》之六

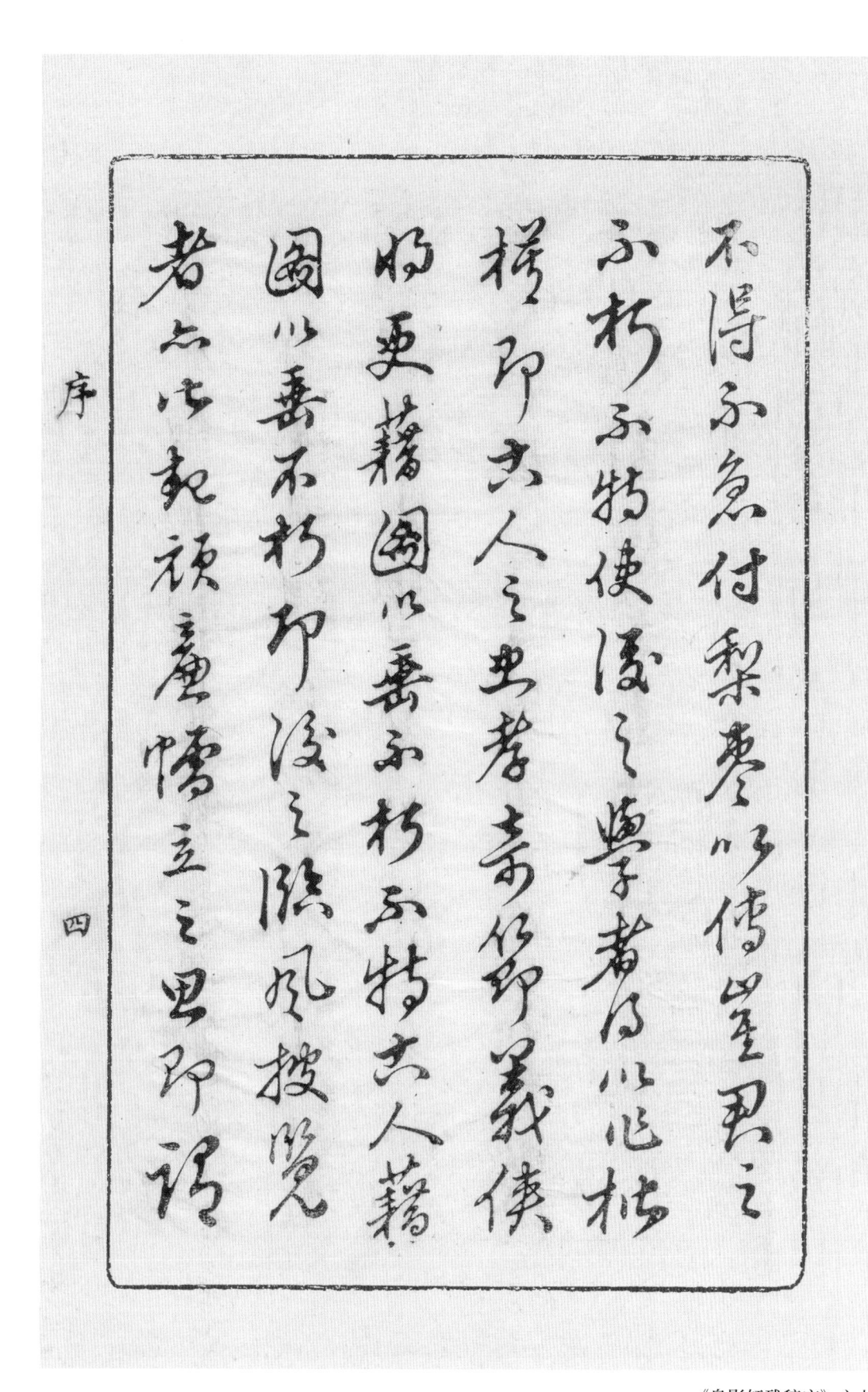

不得不急付梨枣以传墨界之
不朽不独使後之学者得以此校
样即古人之生卒爵里皆俟
以更藉图以垂不朽即义侠
图以垂不朽即古人之藉
者亦此乾嫓臺情立之里即诗

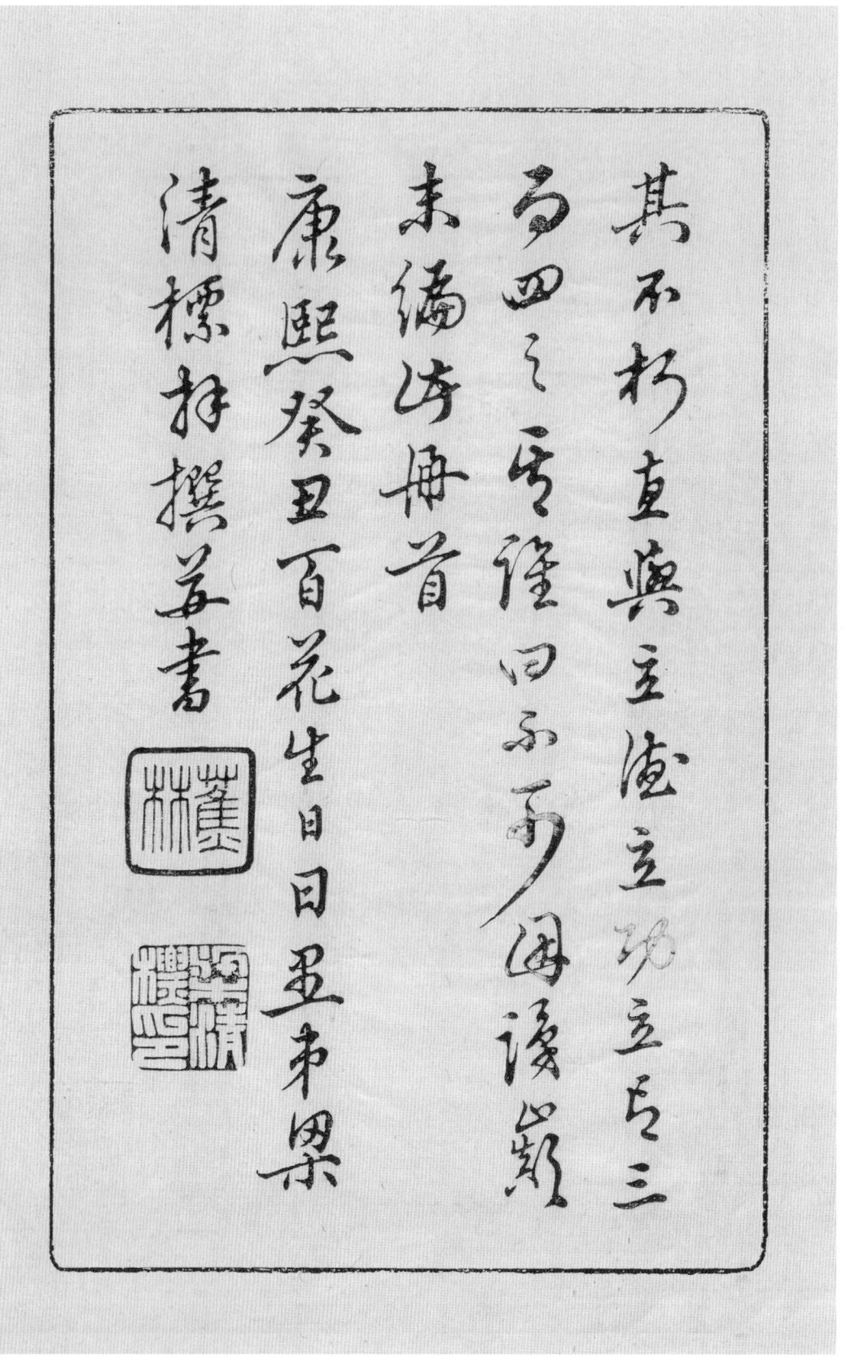

其不朽直與主德立功立言三
者四之而無愧四不可因後歸
未編諸冊首
康熙癸丑百花生日丑未累
清標拜撰并書

畫譜目錄

許由
老子
屈原
杞梁妻
聶政
孟母
徐市

彭祖
莊周
鍾離春
范蠡
鬼谷子
魯仲連
韓信

《息影軒画谱》目录之一

班姬
司馬徽
孫夫人
綠珠
韋逞母
紅拂女
張旭
張巡

龐德公
華陀
衛夫人
劉伶
陶宏景
司馬承楨
杜甫
謝小娥

《息影轩画谱》目录之二

陆贽
王曾
林逋
佛印
真德秀
海瑞
秦良玉

贯休
邵雍
苏轼
韩世忠
金履祥
周遇吉

目录终

唐许由字武仲阳城槐里人尧
以师泽为人授养殷不乐辞
不受卸隐不食尧时以之虚
欲让以天下由不受洗耳于颍
滨巢挂瓢树上风吹有声点
之弃没巢箕山以人狎其墓曰
箕山之神尧食五岳置之不绝

《息影轩画谱》许由像赞

許由

《息影軒畫譜》許由像

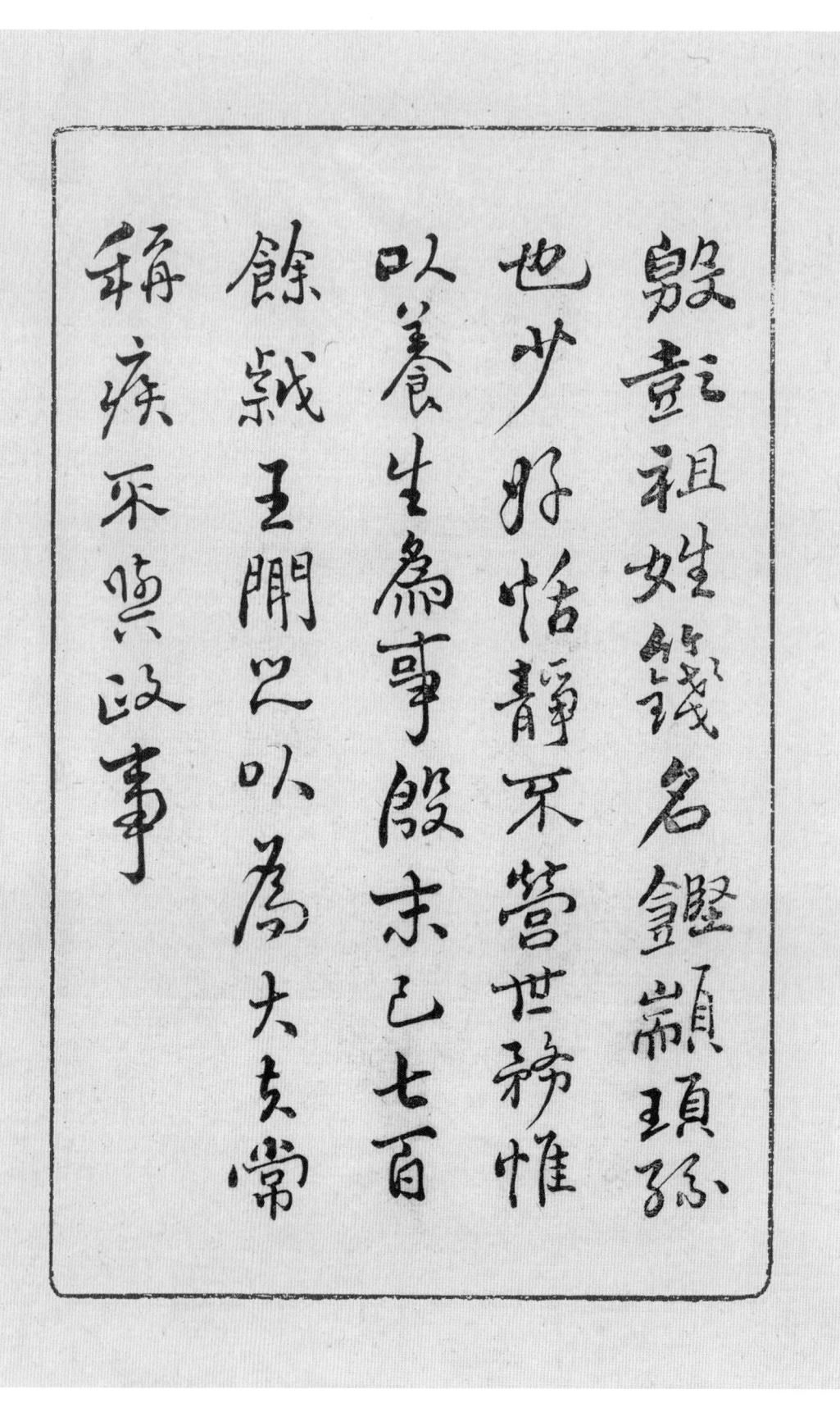

彭祖姓籛名鏗顓頊玄孫也少好恬靜不營世務惟以養生為事殷末已七百餘歲王聞之以為大夫常稱疾不與政事

《息影軒畫譜》彭祖像贊

彭祖

《息影轩画谱》彭祖像

周老聃姓李名重耳字伯陽苦
縣人也武王時為柱下史其後
跨青牛西出函關關吏尹喜望
紫氣祇候之乃授以道德經凡
五千言

《息影軒畫譜》老聃像贊

壹 ✦ 崔子忠绘画作品

老聃

三

《息影轩画谱》老聃像

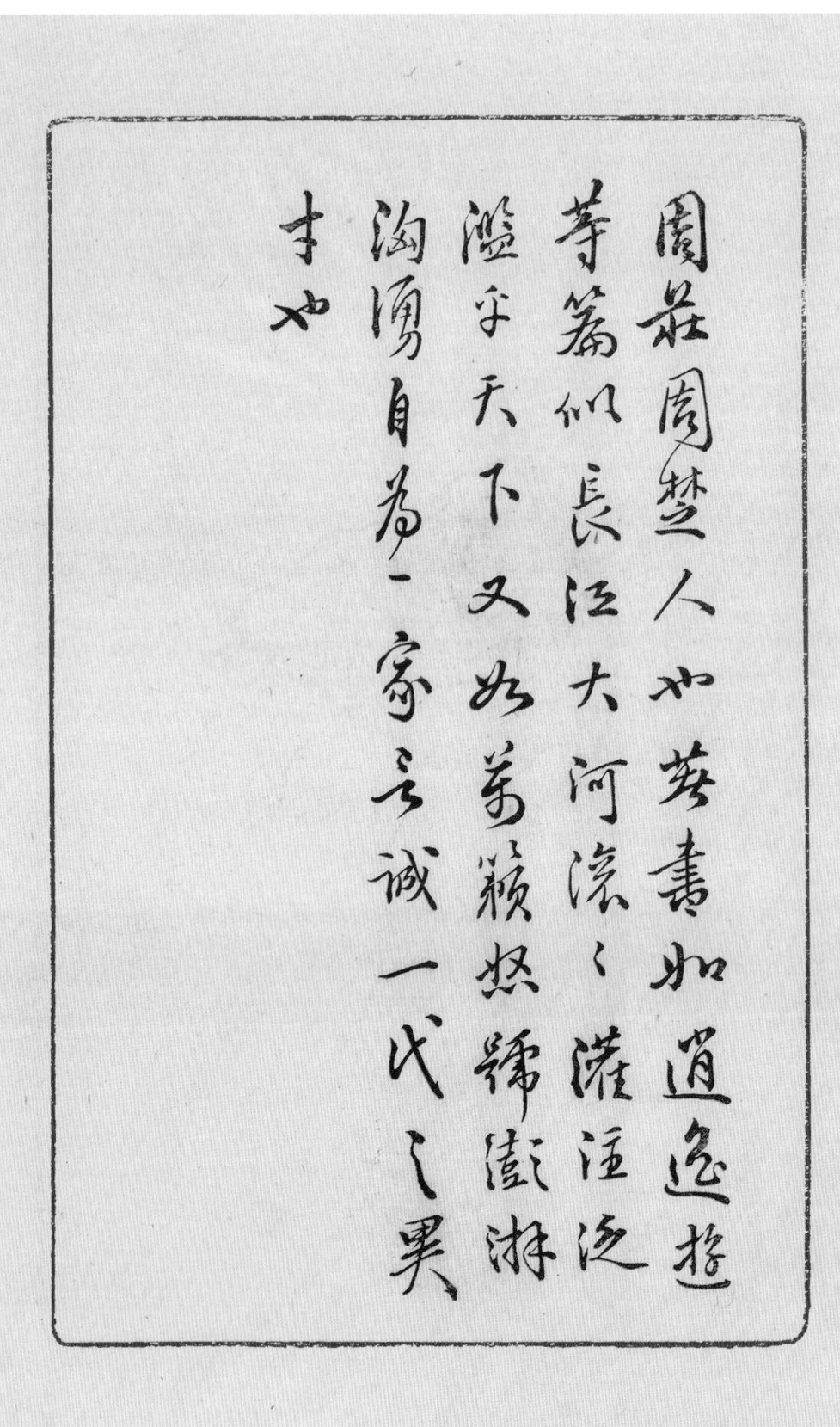

周莊周楚人也著書如道逸捨等篇似長江大河滾滾灌注泛濫乎天下又如萬籟怒號徹澈湖洶湧自為一家言誠一代之異才也

《息影軒畫譜》莊周像贊

壹 ◆ 崔子忠绘画作品

莊周

《息影轩画谱》庄周像

楚屈原名平字靈均楚之同姓大夫以忠諫為靳尚等所譖放於田里原傷閭主亂俗以是為非以清為濁五月五日遂自投汨羅而死楚之人於是日為競渡以志挽救之情又以葉裹米為角黍祭之繫以五色縷為之續命焉

《息影軒画谱》屈原像赞

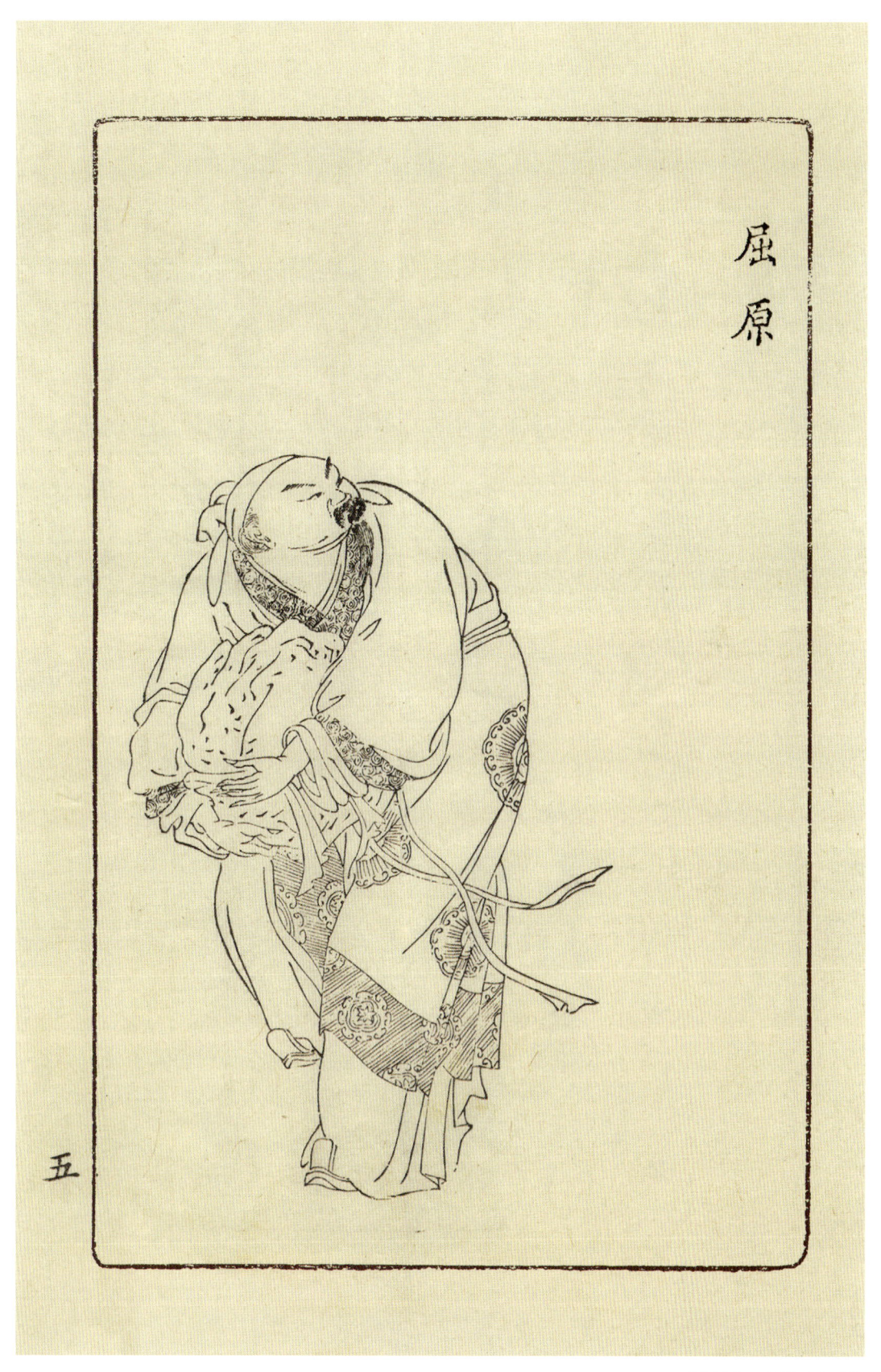

屈原

五

《息影轩画谱》屈原像

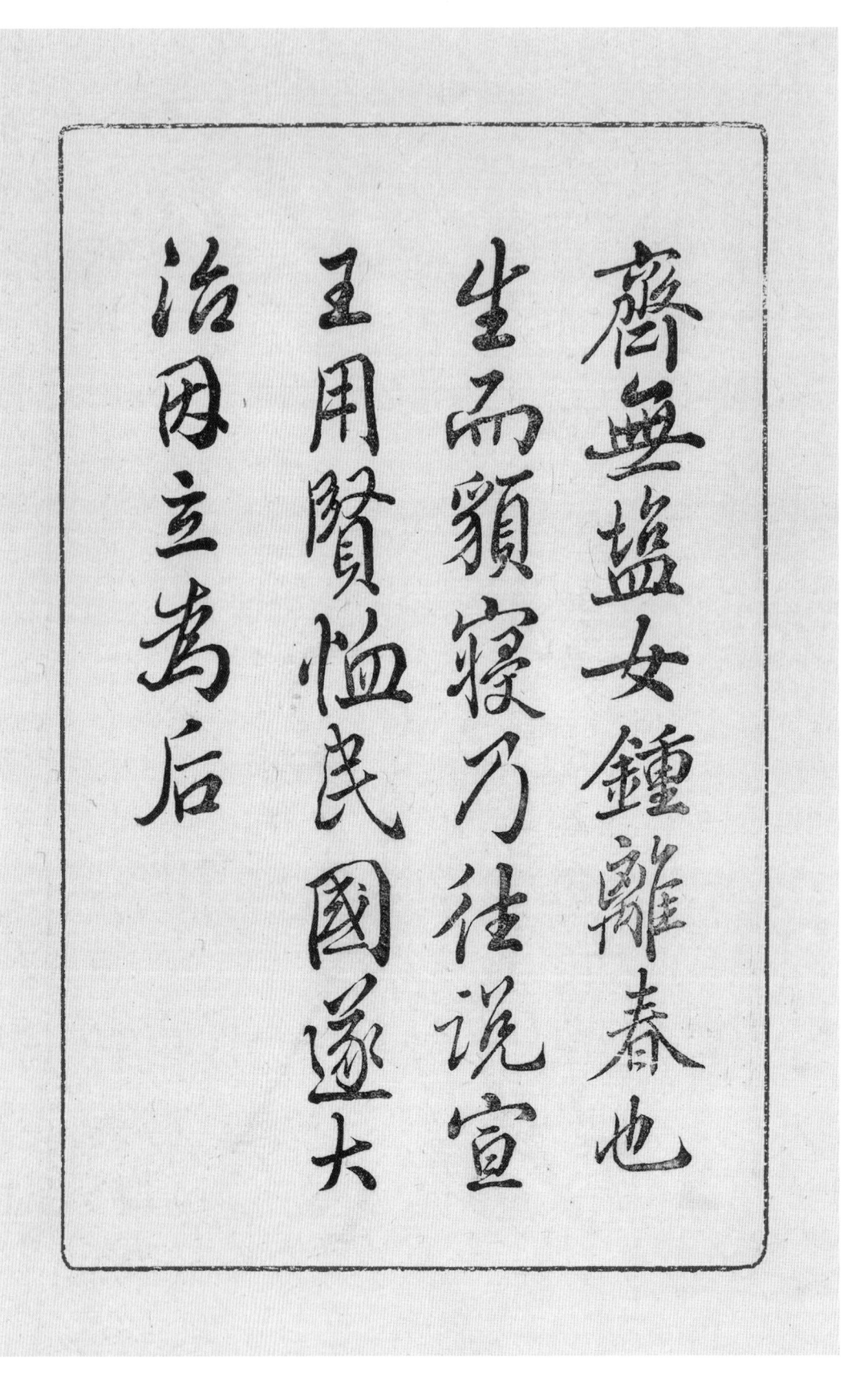

齊無鹽女鍾離春也
生而頹寢乃往說宣
王用賢恤民國遂大
治因立為后

《息影軒畫譜》无盐女像赞

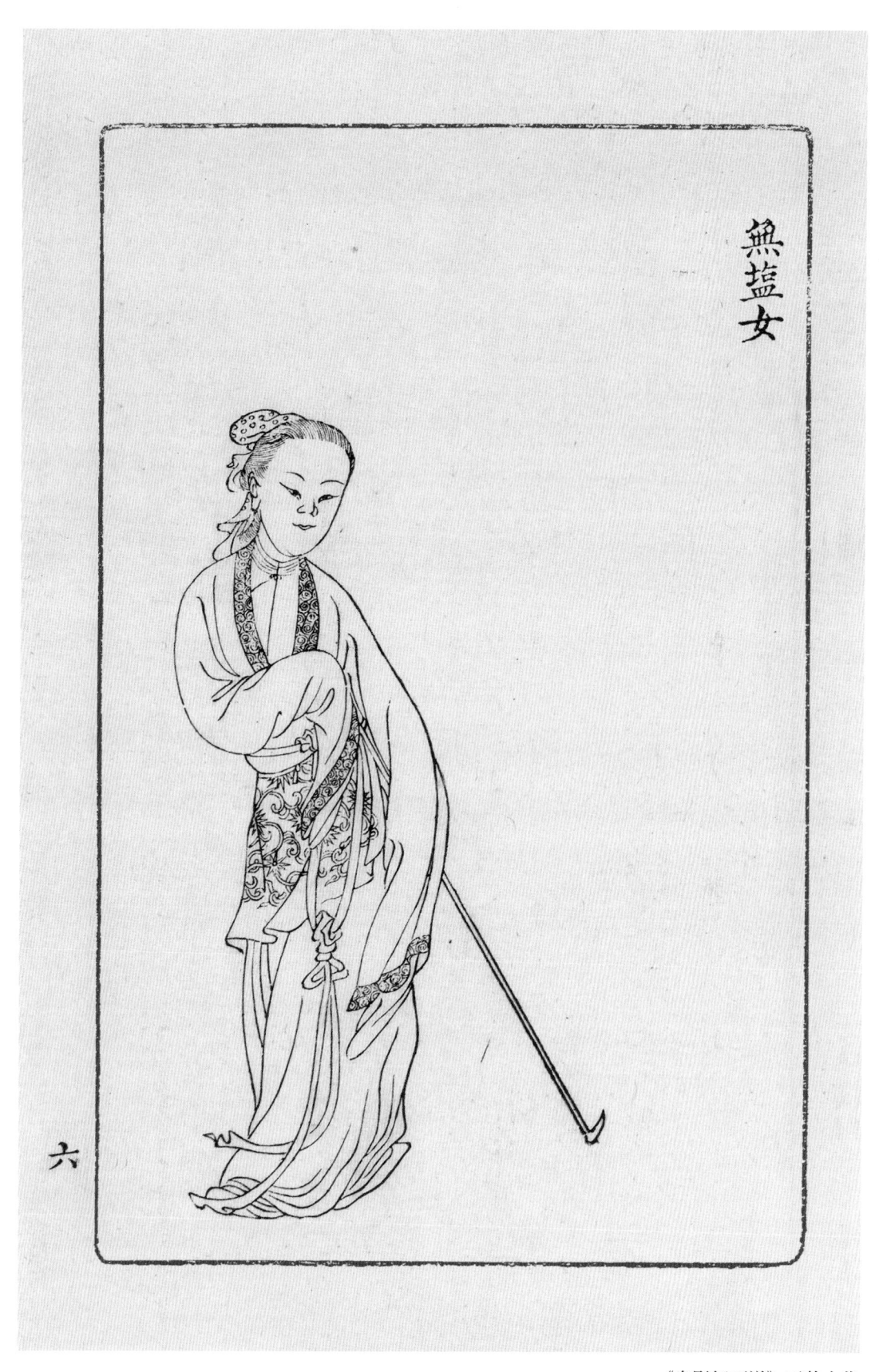

無塩女

六

《息影轩画谱》无盐女像

周杞梁妻杞梁死於莒其妻迎
其柩於路而哭之哀莊公使人
弔之對曰君之臣免於罪則有
先人之敝廬在不敢辱君命

《息影轩画谱》杞梁妻像赞

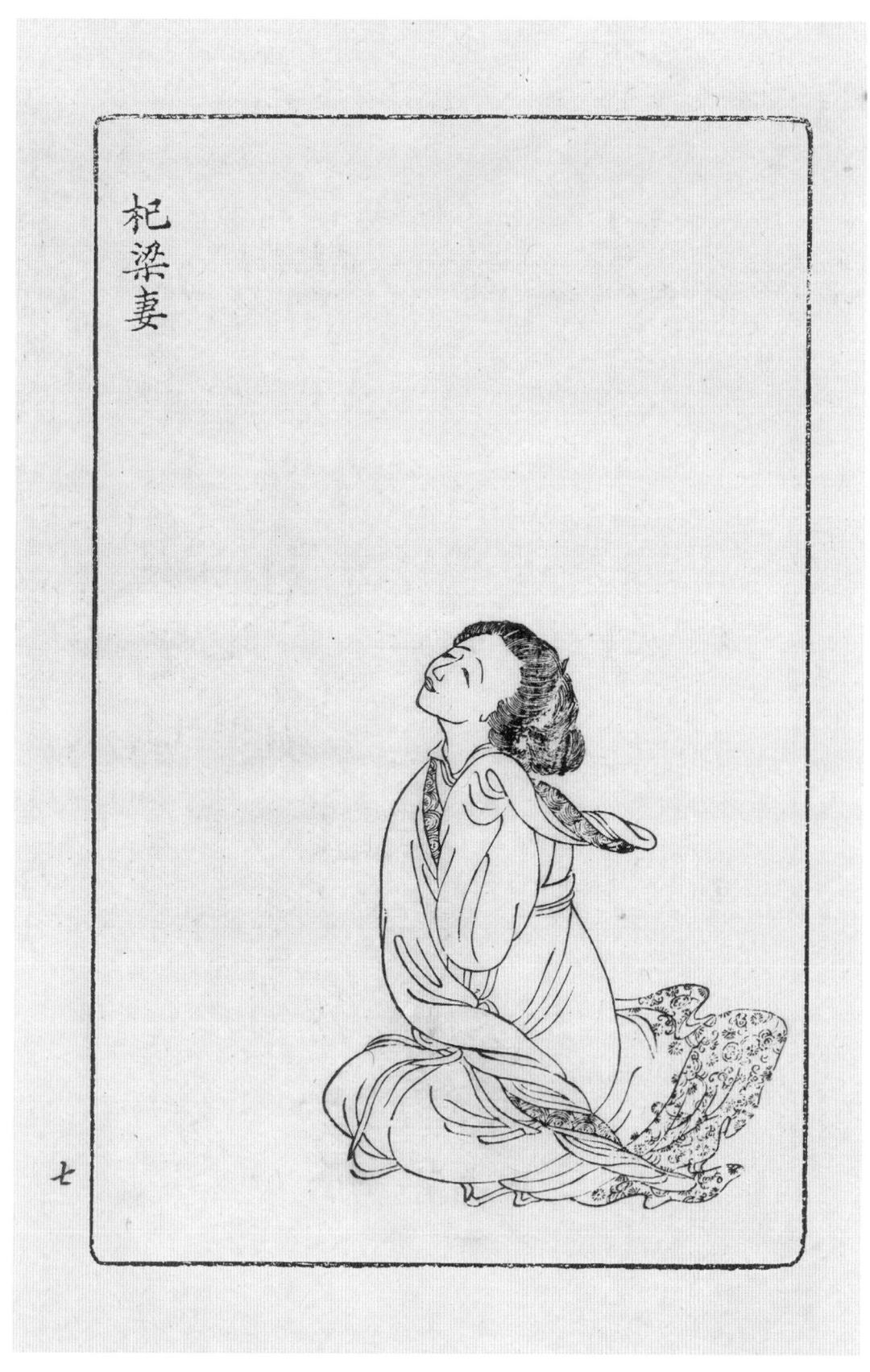

杞梁妻

七

《息影轩画谱》杞梁妻像

周范蠡字少伯吳人相句踐滅
吳伯越後變匿姓名泛扁舟遊
五湖號鴟夷子皮適齊為陶朱
公三置千金之產著有養魚經
及致富書

《息影軒畫譜》范蠡像贊

范蠡

《息影轩画谱》范蠡像

周鬼谷子姓王名詡隱居雲夢山鬼谷在人間數百年為人卜筮無不應驗後遂仙去

《息影轩画谱》鬼谷子像赞

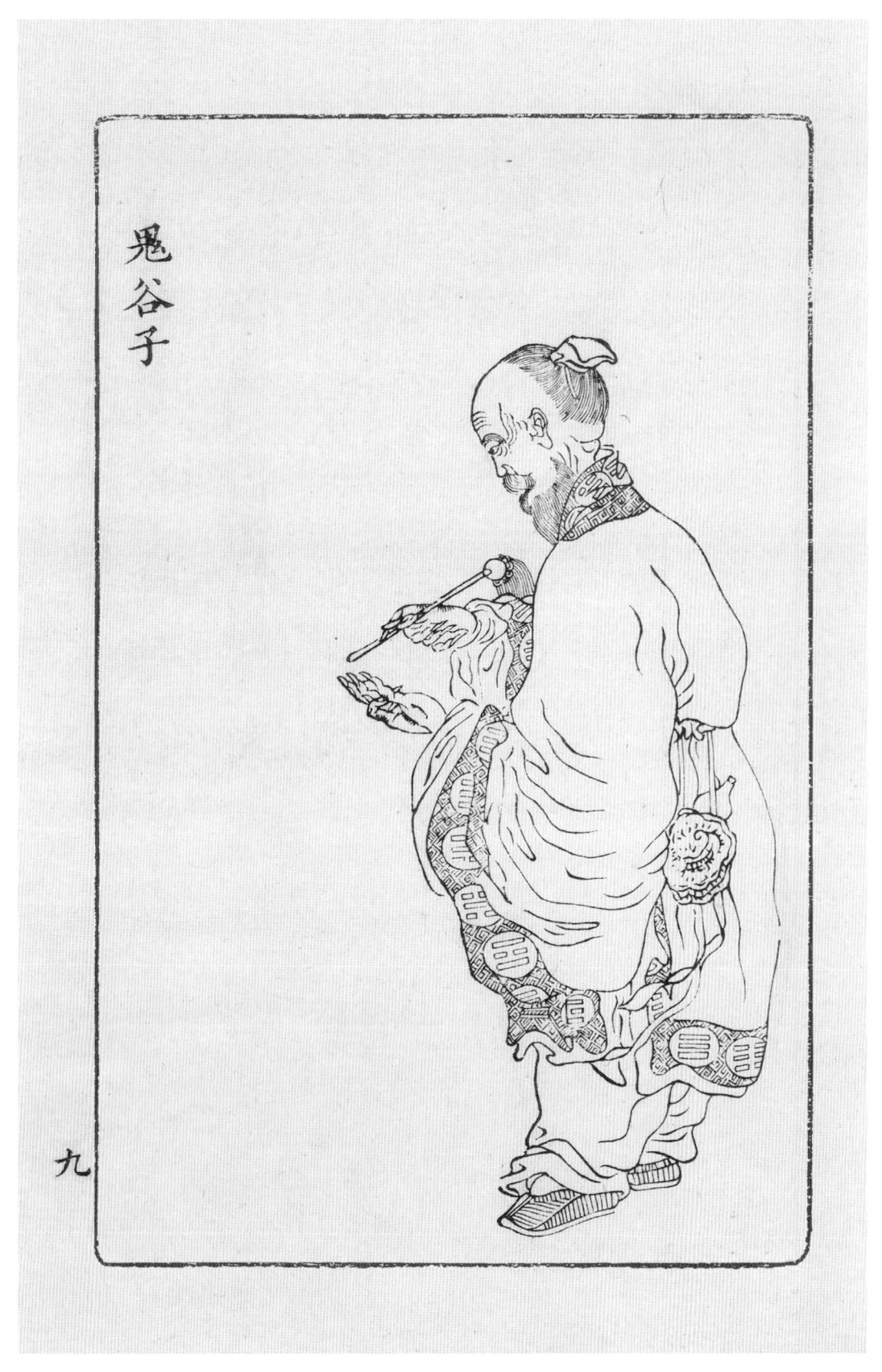

鬼
谷
子

九

《息影轩画谱》鬼谷子像

周聶政軹里人也為嚴仲子刺
韓相恐貽所親乃刳面抉眼而
死人不知何人其姊名嫈伏尸
而哭曰死者吾弟聶政也以妾
故重自刑妾奈何畏誅而滅弟
姓名遂死屍側

《息影軒畫譜》聶政像贊

聂政

《息影轩画谱》聂政画像

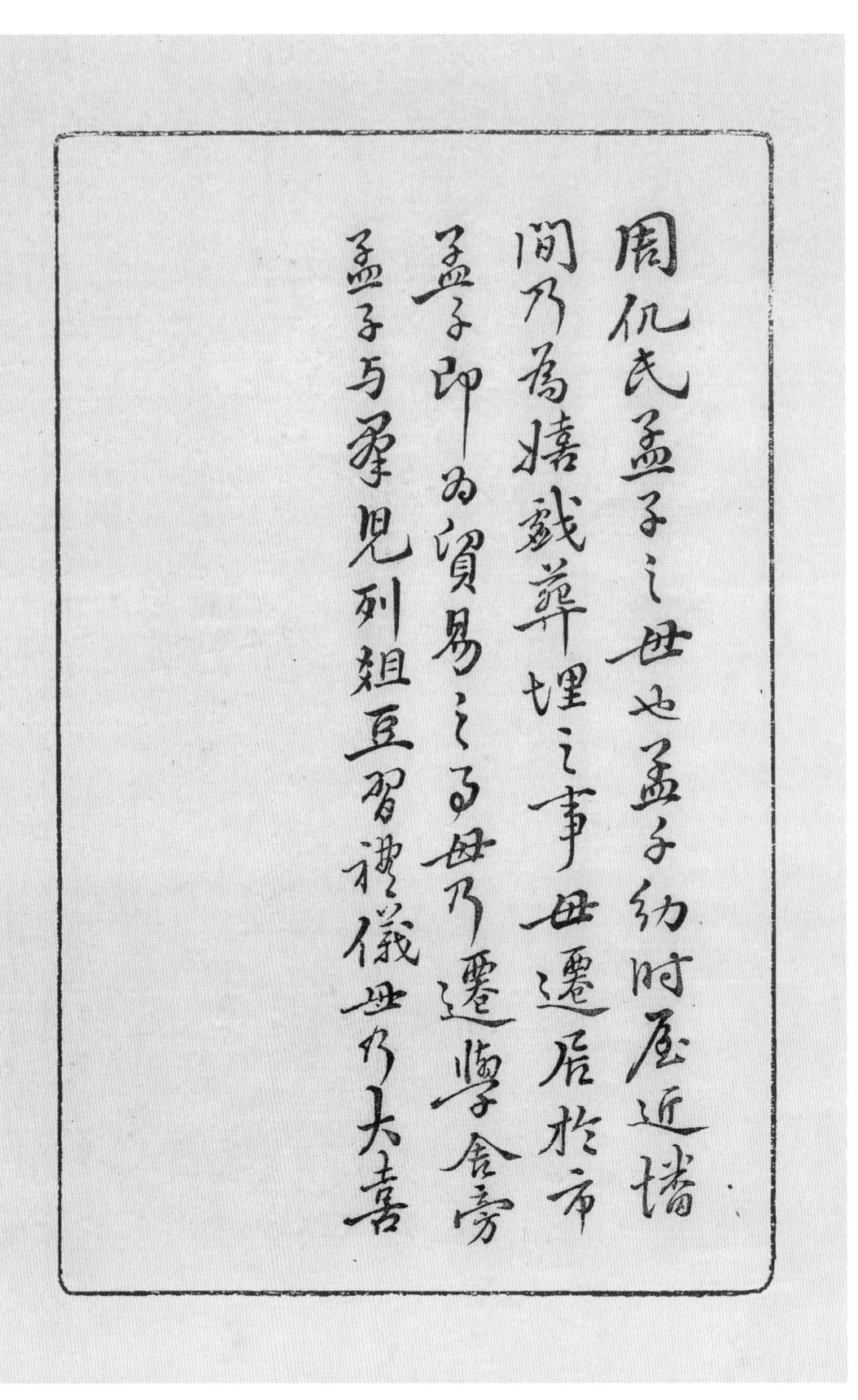

周仉氏孟子之母也孟子幼时屋近墓
间乃为嬉戏葬埋之事母迁居于市
孟子即为贸易之子母乃迁学舍旁
孟子与群儿列俎豆习礼仪母乃大喜

《息影轩画谱》孟母像赞

壹 ◆ 崔子忠绘画作品

孟母

十一

《息影轩画谱》孟母像

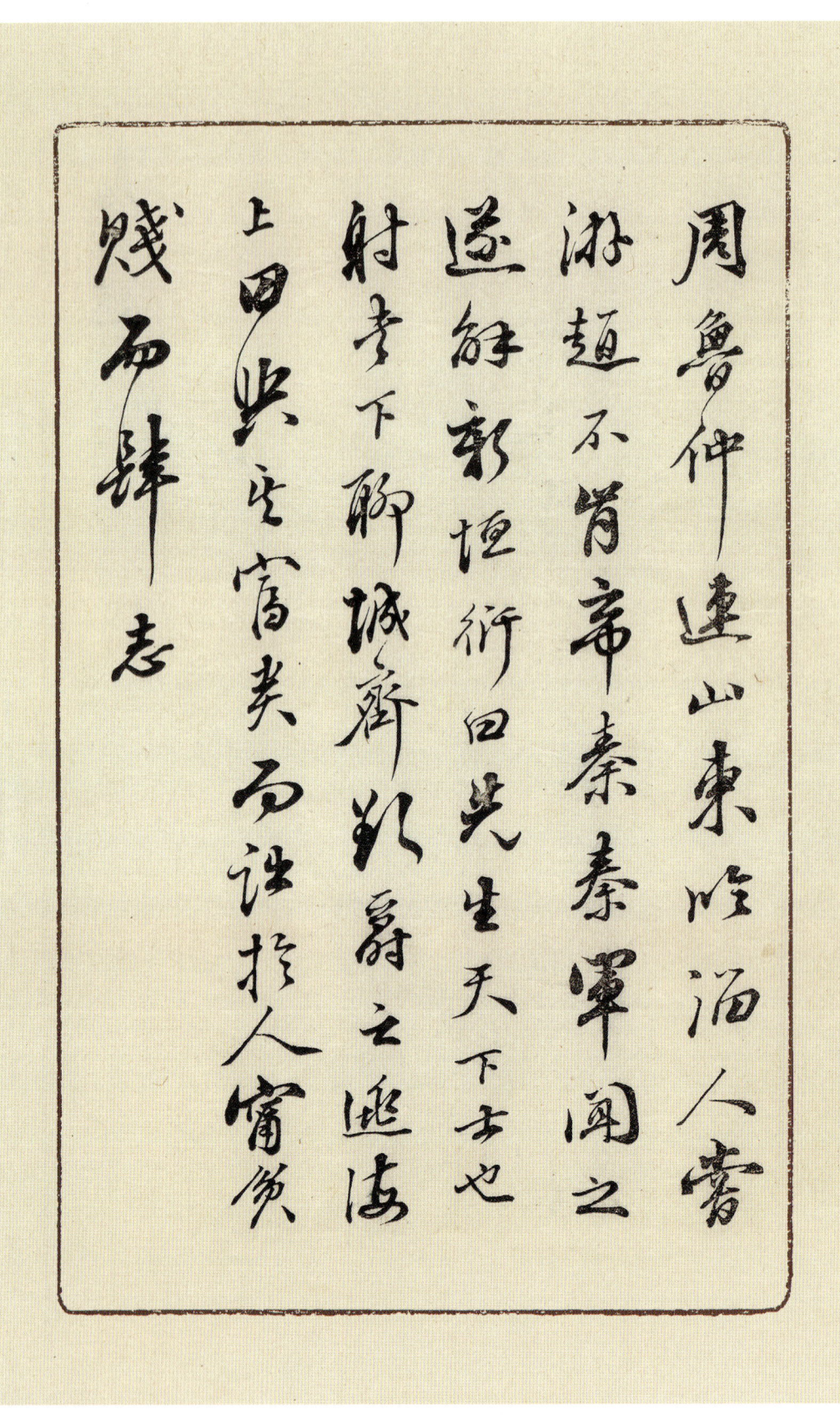

鲁仲连齐人善
游趟不肯帝秦秦军闻之
遂解邯郸衍曰吴生天下士也
射季下聊城齐欲爵之逃海
上曰与富贵而诎於人宁贫
贱而肆志

《息影轩画谱》鲁仲连像赞

壹 ✦ 崔子忠绘画作品

鲁仲连

十三

《息影轩画谱》鲁仲连像

秦徐巿者方士也始皇好神仙方術巿上書請得齋戒發男女數千人入海求之於是巿與童男女載畊具器用書籍米麥去而不返人傳以為仙焉

《息影轩画谱》徐巿像赞

壹 ◆ 崔子忠绘画作品

徐市

圣三

《息影轩画谱》徐市像

漢韓信韓王之後幼好佩劍釣
于淮陰後從高祖拜為大將舉三
齊封王卒以呂后讒死未央宮

《息影軒畫譜》韓信像贊

韩信

十三

《息影轩画谱》韩信像

漢班姬名昭扶風人彪之女曹
世叔妻也博學高才有節行兄
孟堅著漢書未竟而卒詔昭就
東閣踵成之又嘗召入宮令皇
后諸貴人師事焉世稱曹大家

《息影軒畫譜》班姬像贊

《息影轩画谱》班姬像

漢龐流公襄陽人躬耕隴𠮷妻儷
于前劉表造而問之曰先生不官何
以遺子孫公曰人皆遺之以危我獨遺
之以安耳遂同妻隱鹿門山其子煥
為牂牁太守

《息影軒畫譜》龐德公像贊

龐德公

十五

《息影轩画谱》庞德公像

汉司马徽字德操阳翟人有人伦鉴识居荆州知刘表性暗必害善人括囊不读时事与语尝亮丽锐徐庶尝发有以人物问徽在初不辩其高下每辄言佳皆谐而能愚皆类此

《息影轩画谱》司马徽像赞

《息影轩画谱》司马徽像

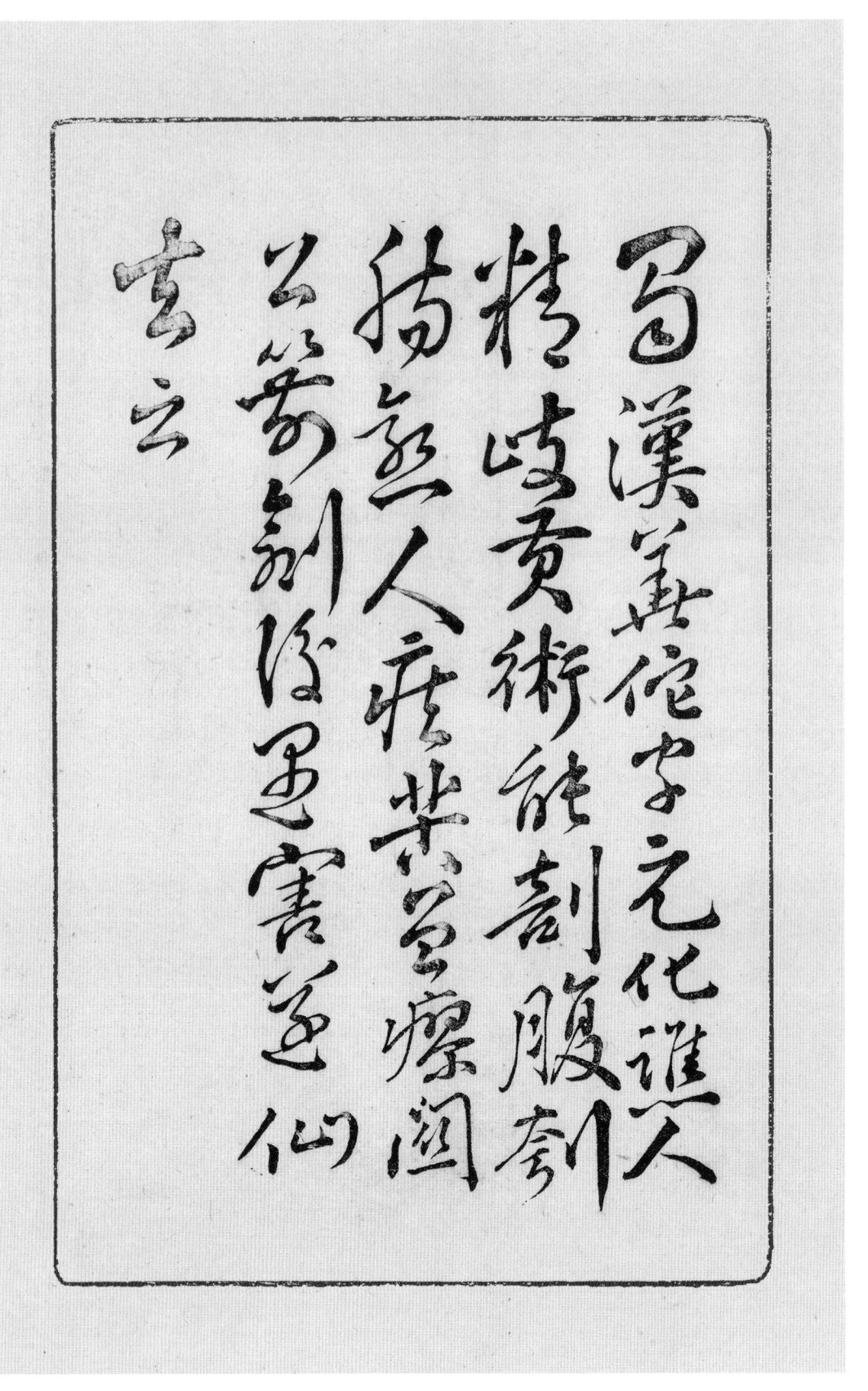

《息影轩画谱》华佗像赞

壹 ✤ 崔子忠绘画作品

華陀

七

《息影轩画谱》华佗像

漢孫夫人吳王權之妹為劉先主妻其後夫人在吳聞先主在白帝城永安宮晏駕遂西向而哭投蠶磯而死今人祠之稱靈澤夫人

《息影軒畫譜》孫夫人像贊

《息影轩画谱》孙夫人像

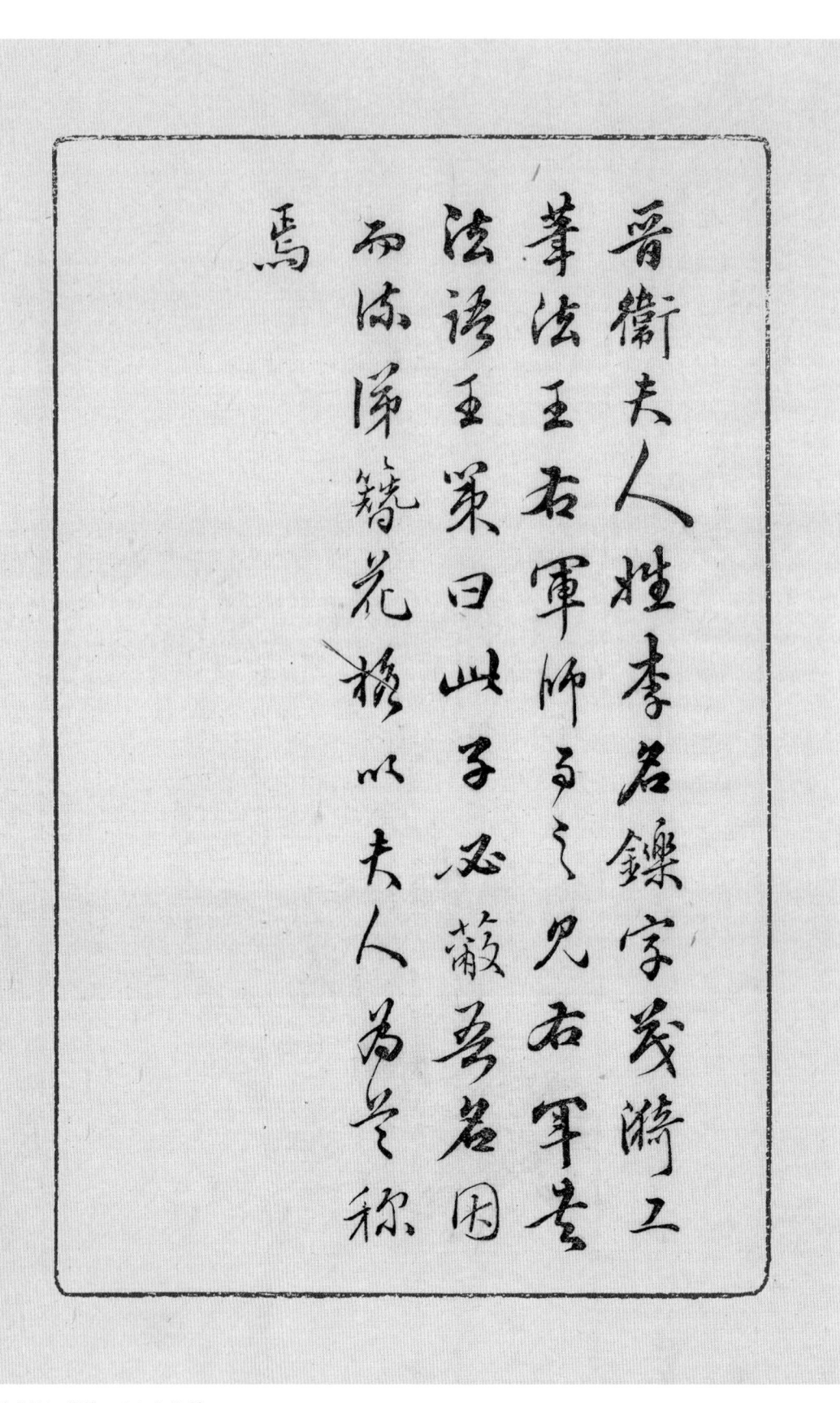

晋衛夫人姓李名鑠字茂漪工筆法王右軍師之見右軍書法語王策曰此子必蔽吾名因而涕淚籤花韓以夫人為号稱焉

《息影轩画谱》卫夫人像赞

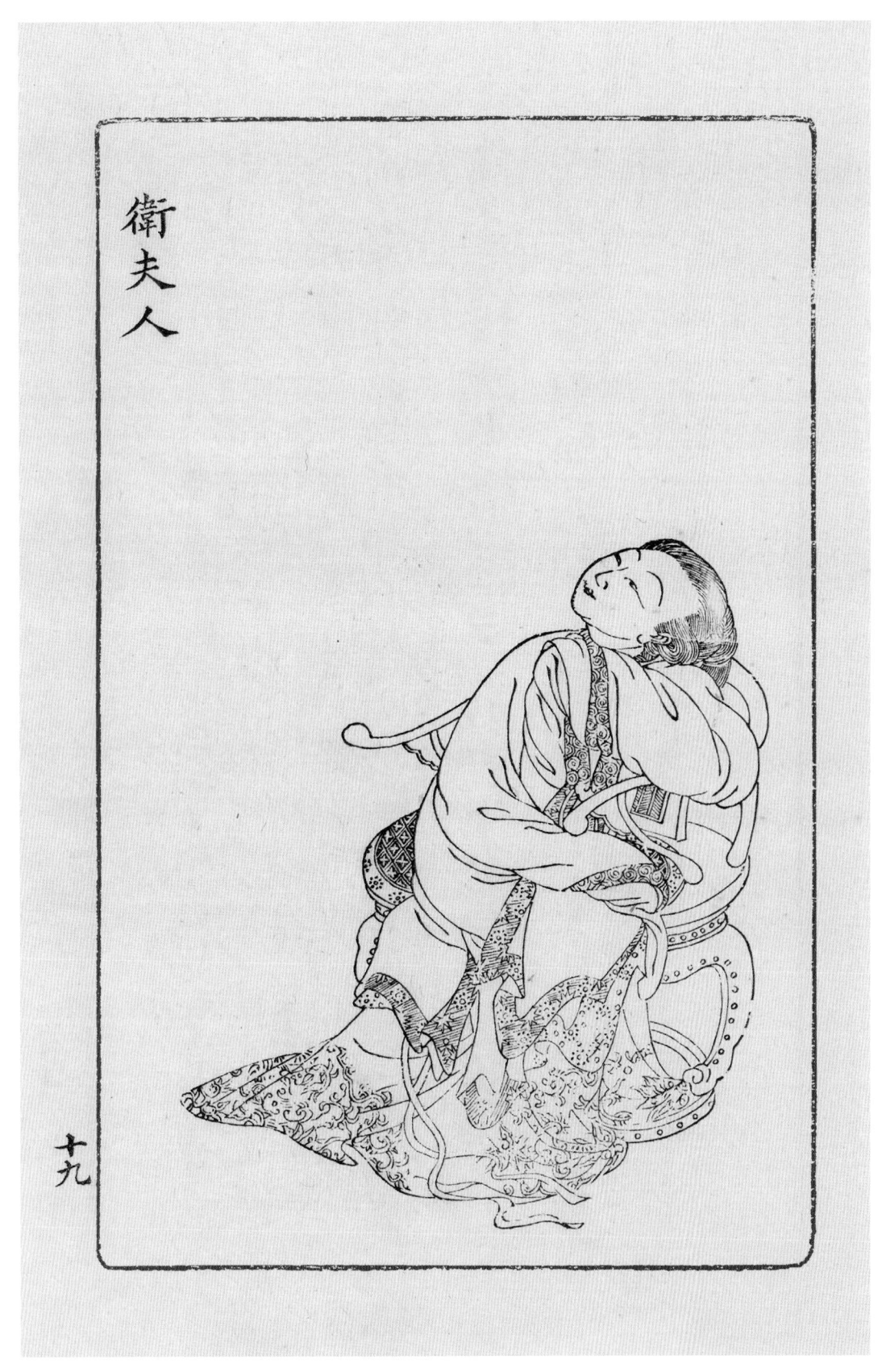

衛夫人

十九

《息影轩画谱》卫夫人像

晋绿珠姓梁氏容州人艳而有才石崇以真珠之斛致之善吹笛而善末而不与同谋收崇之日索为尔得绿珠泣曰效死君前堕楼而死至乡有井汲饮其莹妙多美丽名绿珠井

《息影轩画谱》绿珠像赞

绿珠

二十

《息影轩画谱》绿珠像

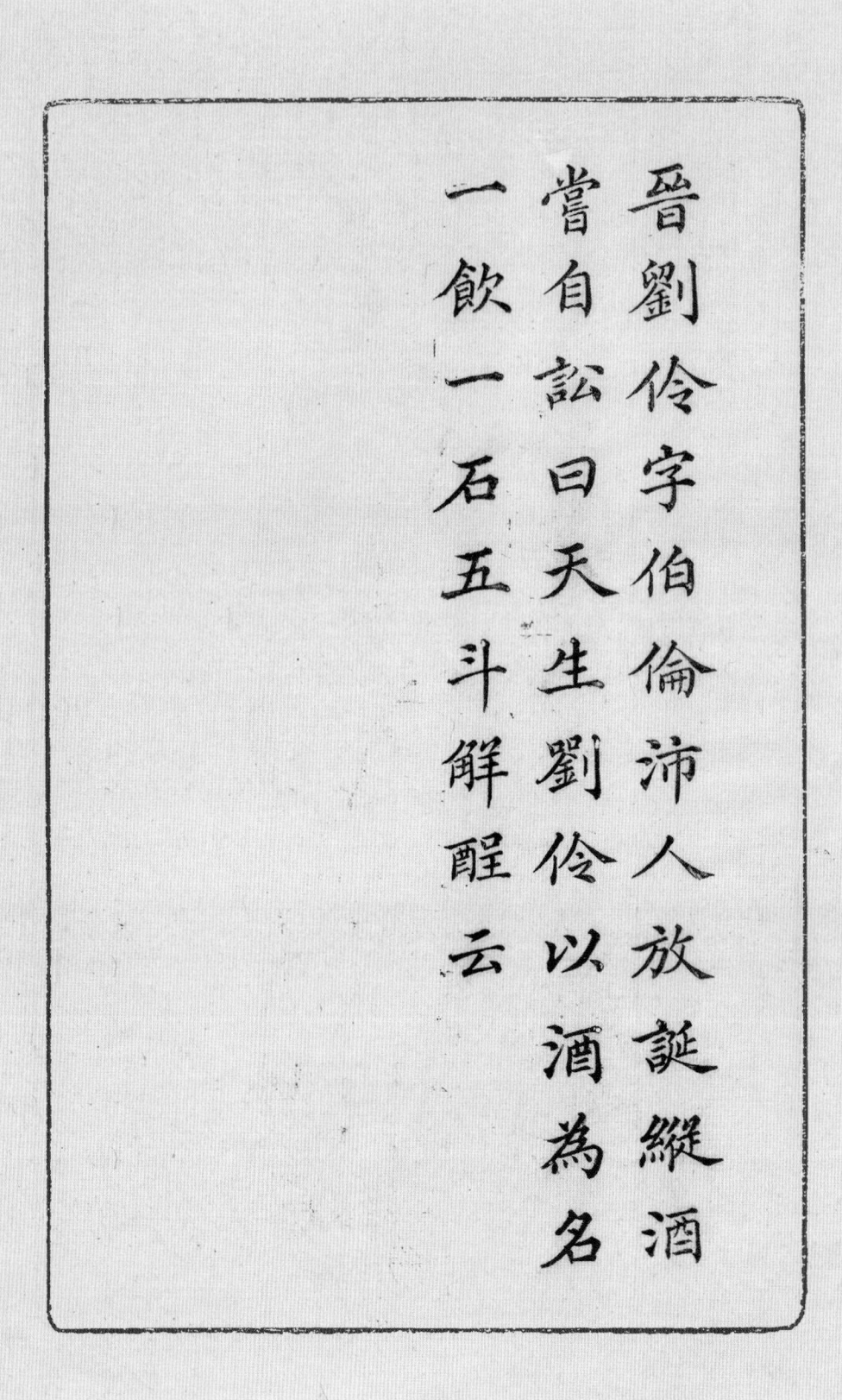

晋刘伶字伯伦沛人放诞纵酒尝自讼曰天生刘伶以酒为名一饮一石五斗解酲云

《息影轩画谱》刘伶像赞

壹 ❖ 崔子忠绘画作品

刘伶

《息影轩画谱》刘伶像

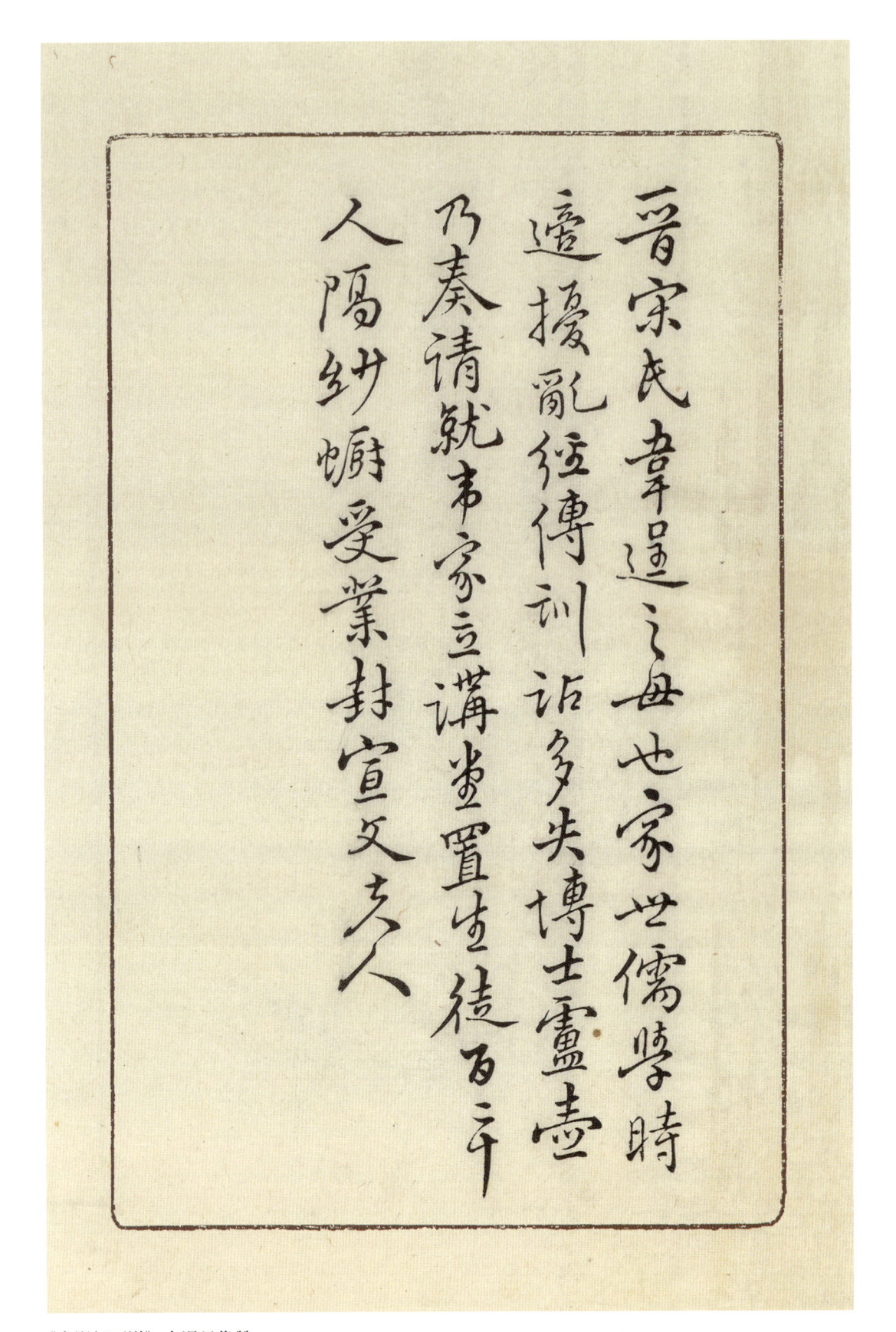

晋宋民喜逢之母也家世儒学时遭扰乱经传训诂多失博士卢壹乃奏请就韦家立讲堂置生徒百十人隔纱幮受业封宣文夫人

《息影轩画谱》韦逞母像赞

韦逞母

廿三

《息影轩画谱》韦逞母像

梁陶宏景字通明自幼聰慧於書無所不讀尤善屬文精黃老之學隱居茅山梁武帝每有大事輒造廬請決焉時人稱為山中宰相著書數十種號華陽隱居作三層樓以居之性愛松風翛然遠俗及卒舉棺甚輕人始知其羽化也

《息影軒画谱》陶弘景像赞

注：见《辞海》"陶弘景"。上海辞书出版社，2021年，P2202。

壹 ✦ 崔子忠绘画作品

陶宏景

廿三

《息影轩画谱》陶弘景像

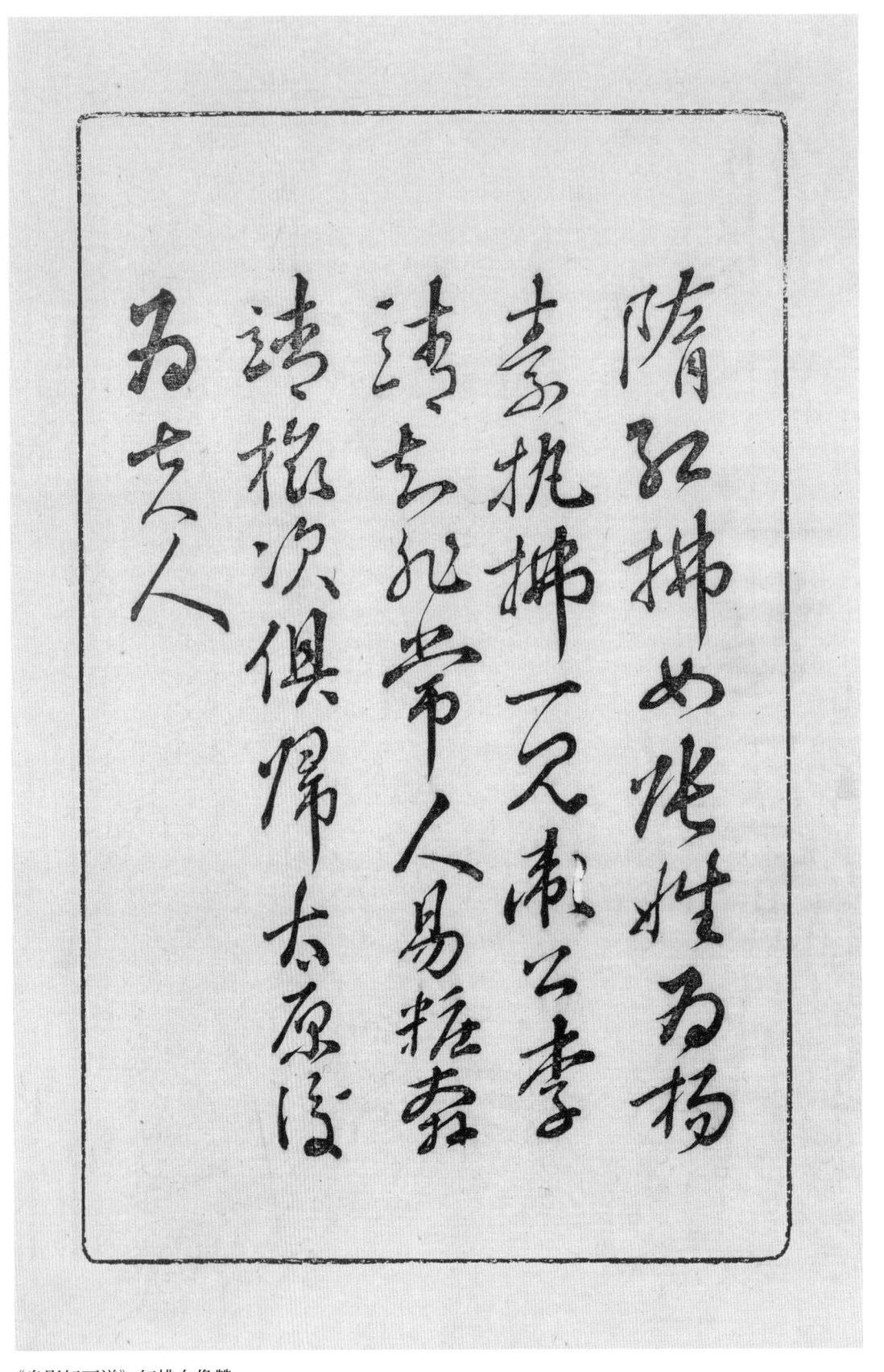

隋红拂妓姓杨
喜执拂一瓦郁公李
靖去妃常人易粧嘉
靖挍次俱归太原後
为古人

《息影轩画谱》红拂女像赞

紅拂女

二四

《息影軒畫譜》紅拂女像

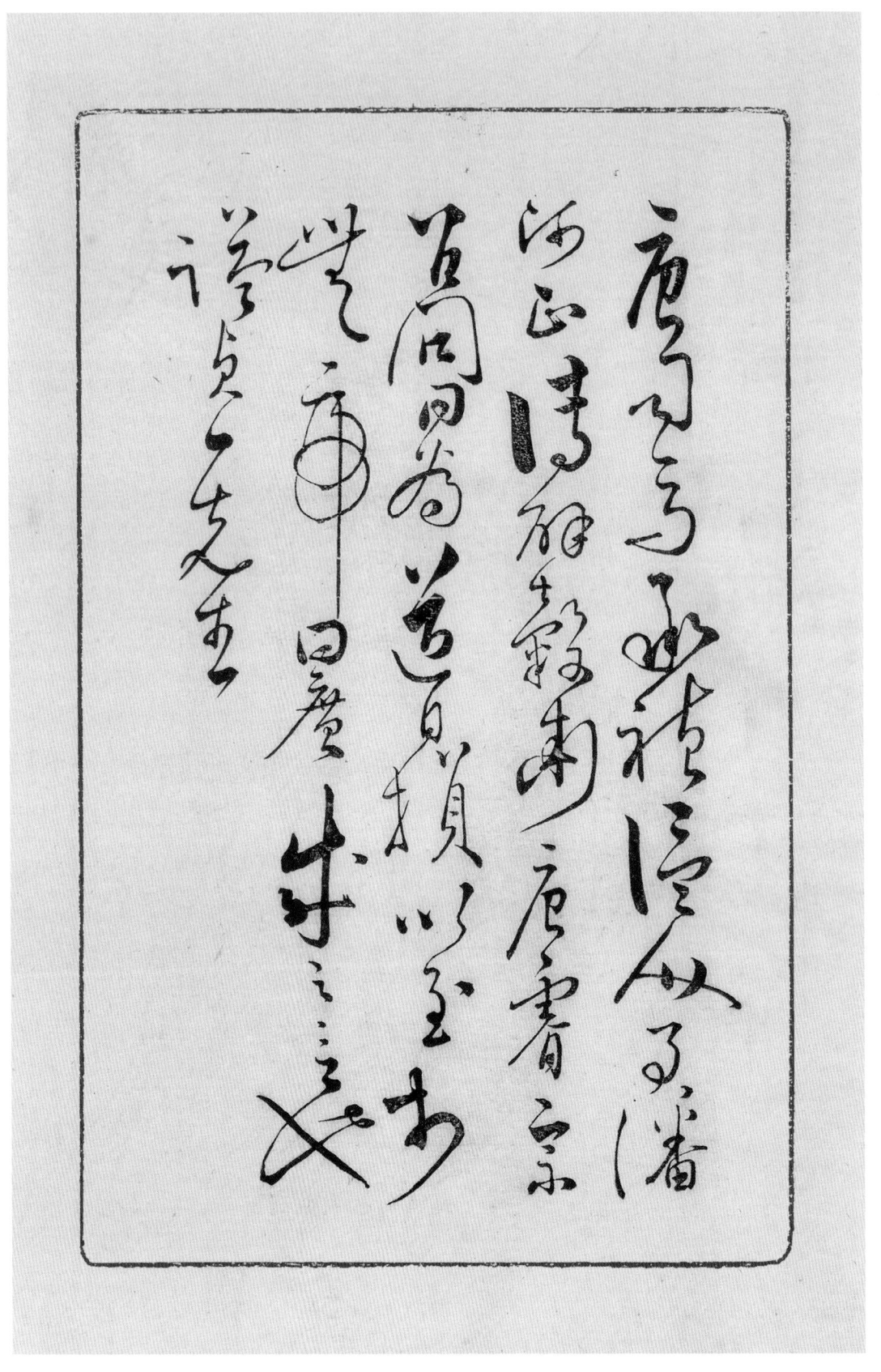

《息影轩画谱》司马承祯像赞

司馬承禎

《息影軒畫譜》司马承祯像

唐張旭字伯高吳人善草書每
大醉狂呼下筆或以頭濡墨而
書醒而視之自以為神時稱草
聖

《息影轩画谱》张旭像赞

張旭

《息影轩画谱》张旭像

唐杜甫字子美襄陽人舉進士不第獻三大禮賦肅宗即位拜右拾遺坐救房琯流落劒南依嚴武薦為工部郎工詩世稱詩史

《息影軒画谱》杜甫像赞

杜甫

二七

《息影轩画谱》杜甫像

唐張中丞名巡身長七尺餘鬚髯若神好學讀書三遍終身不忘能文章及詩守雎陽迨城破與許遠南霽雲雷萬春等皆苑節浚人為建雙忠祠并許遠祀之

《息影轩画谱》张巡像赞

《息影轩画谱》张巡像

唐谢小娥者翁与夫为贼所杀夫庙申申春申氏所梦手毁涵易业贞元遍诉甲公佐怅孰便衷此中李

《息影轩画谱》谢小娥像赞

謝小娥

《息影轩画谱》谢小娥像

唐陸贄字敬輿年十八第進士中博學宏詞得入翰林擢宰相叅裁可否時號內相封宣國公卒謚曰文徙祀孔庭

《息影軒畫譜》陸贄像贊

陆贽

三十

《息影轩画谱》陆贽像

《息影轩画谱》贯休像赞

壹 ◆ 崔子忠绘画作品

贯休

卅二

《息影轩画谱》贯休像

宋王曾青州人生時父夢曾子玉其家因名曾庙省廷試官皆首選劉子儀戯之曰狀元試三場一生喫著不盡曾正色曰曾平生志不在温飽後扵相封沂國公

《息影軒画谱》王曾像贊

《息影轩画谱》王曾像

宋邵雍清而不激和而不流所居蓬萃環堵不庇風雨而怡然有所甚樂人莫能窺名其居曰安樂窩自號安樂先生

《息影轩画谱》邵康节像赞

《息影轩画谱》邵康节像

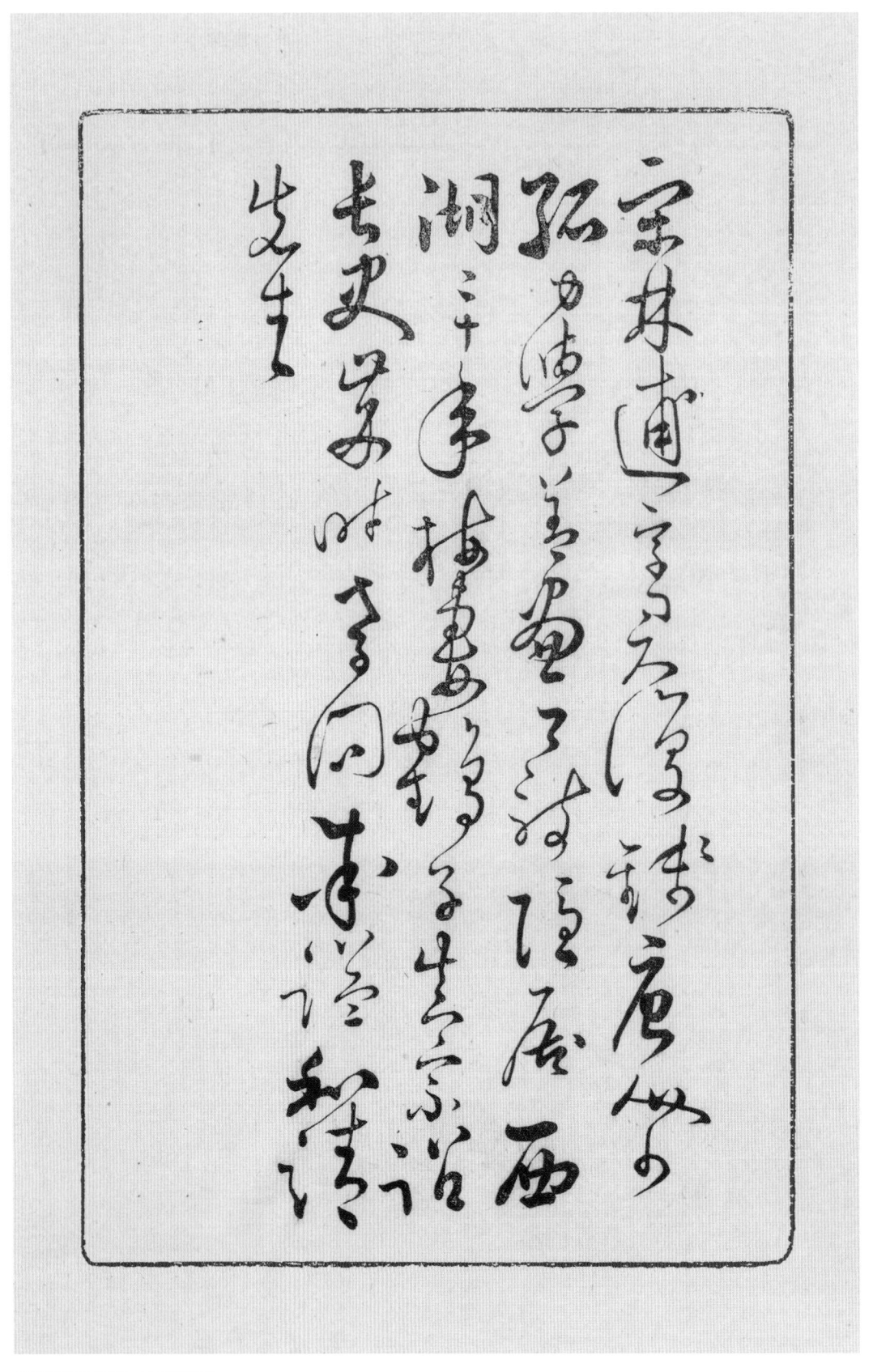

《息影轩画谱》林逋像赞

林逋

三四

《息影轩画谱》林逋像

宋蘇軾字子瞻號東坡四川眉山人幼有大志博通經史屬文日數千言兩弟轍同舉進士名擅天下以節義文章為時所嫉貶竄至死卒葬常州前後著述有集凡百卷孝宗乾道六年贈太師諡文忠耀其孫符為禮部尚書

《息影轩画谱》苏东坡像赞

蘇東坡

三十五

《息影轩画谱》苏东坡像

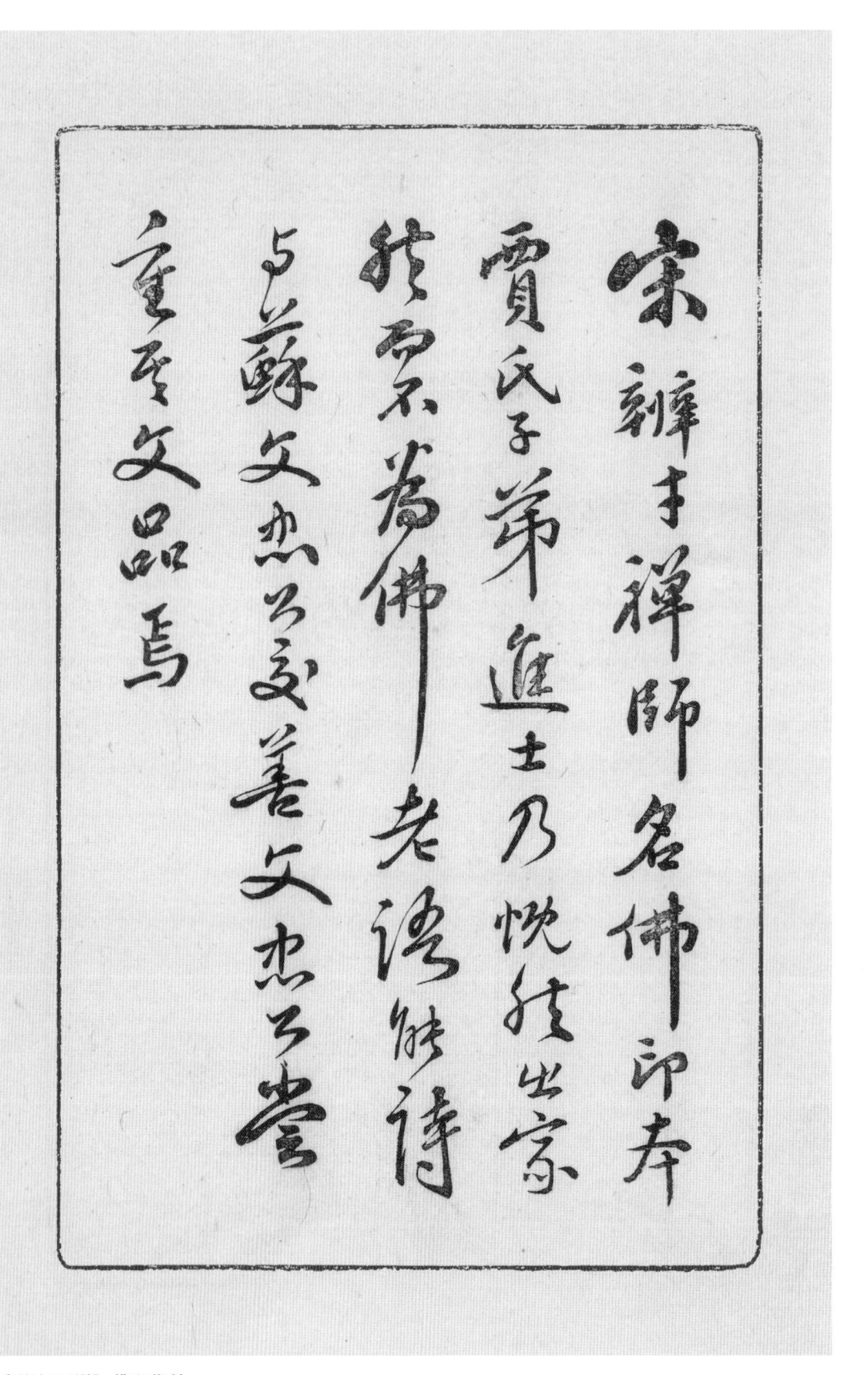

宋辨才禪師名佛印奉
賈氏子弟進士乃恍然出家
於雲居為佛老門能詩
與蘇文忠公交善文忠公嘗
稱其文品焉

《息影軒畫譜》佛印像贊

《息影轩画谱》佛印像

宋韓世忠字良臣延安人忠勇絕倫為中興四將之一不主和議罷政家居騎驢攜酒遊西湖作小詞以自娛封蘄王諡忠武

《息影轩画谱》韩世忠像赞

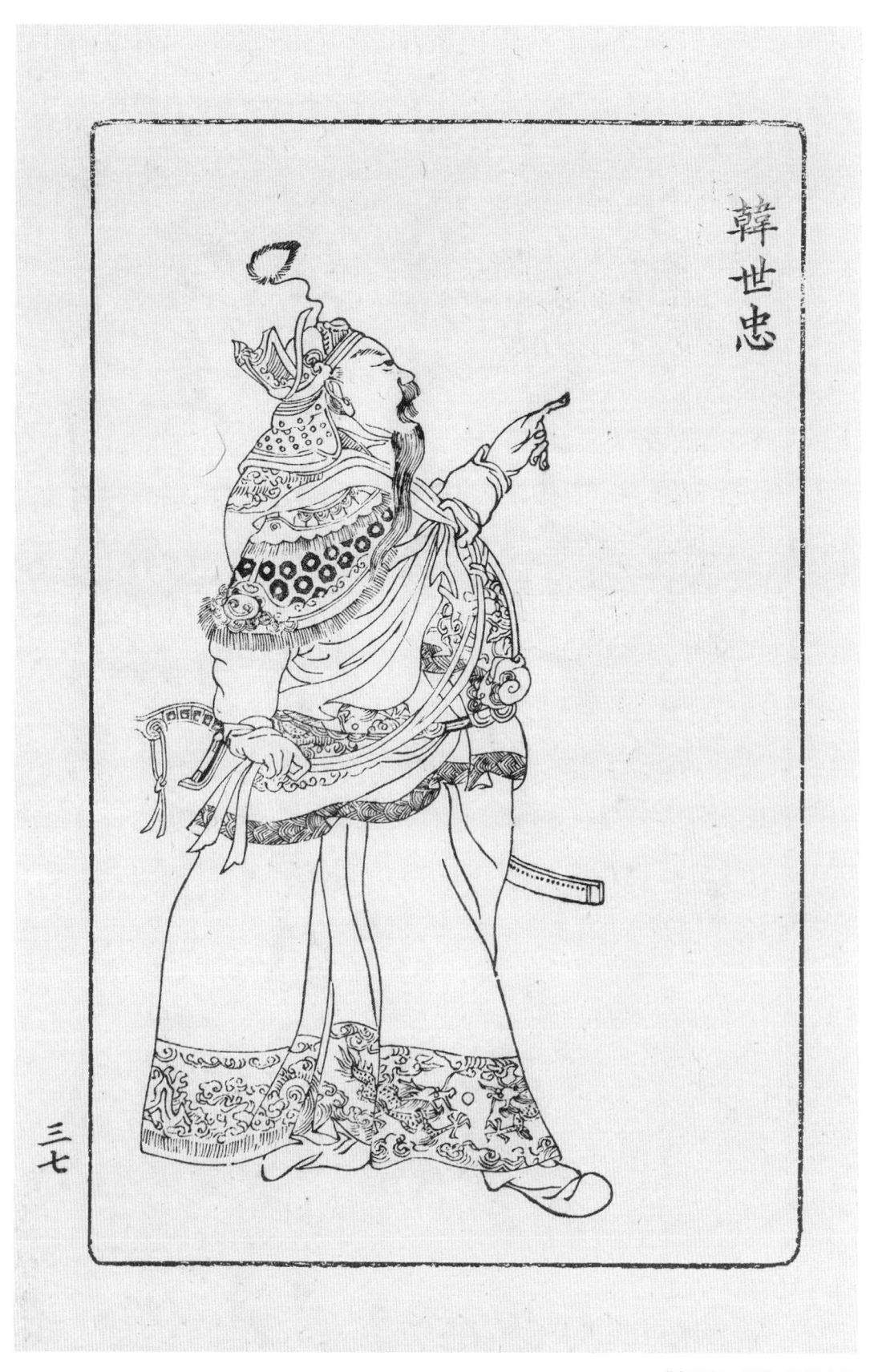

壹 ❖ 崔子忠绘画作品

韩世忠

三七

《息影轩画谱》韩世忠像

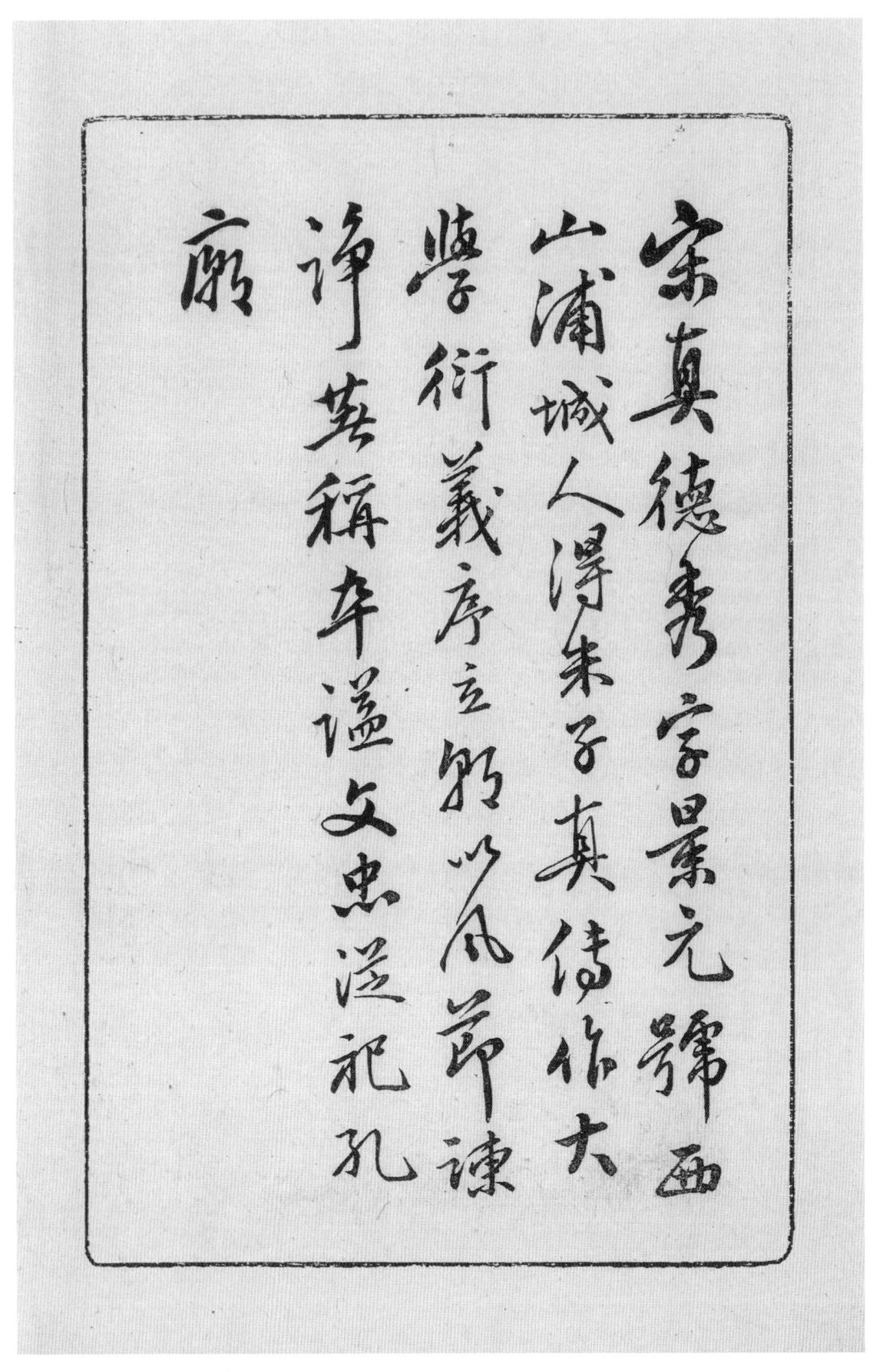

宋真德秀字景元號西
山浦城人得朱子真傳作大
學衍義序立朝以風節諫
諍著稱卒謚文忠從祀孔
廟

《息影軒畫譜》真德秀像贊

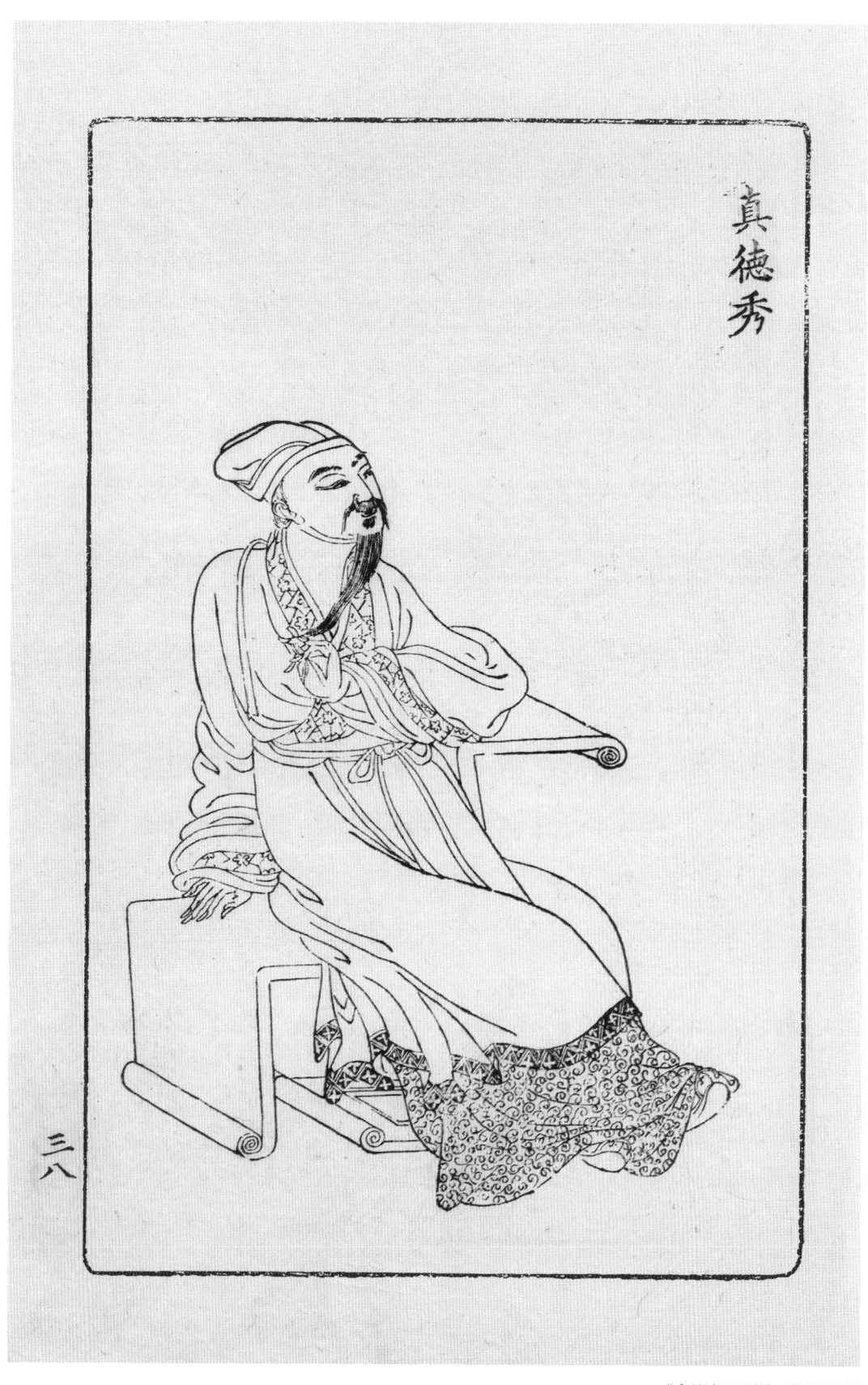

真德秀

三八

《息影轩画谱》真德秀像

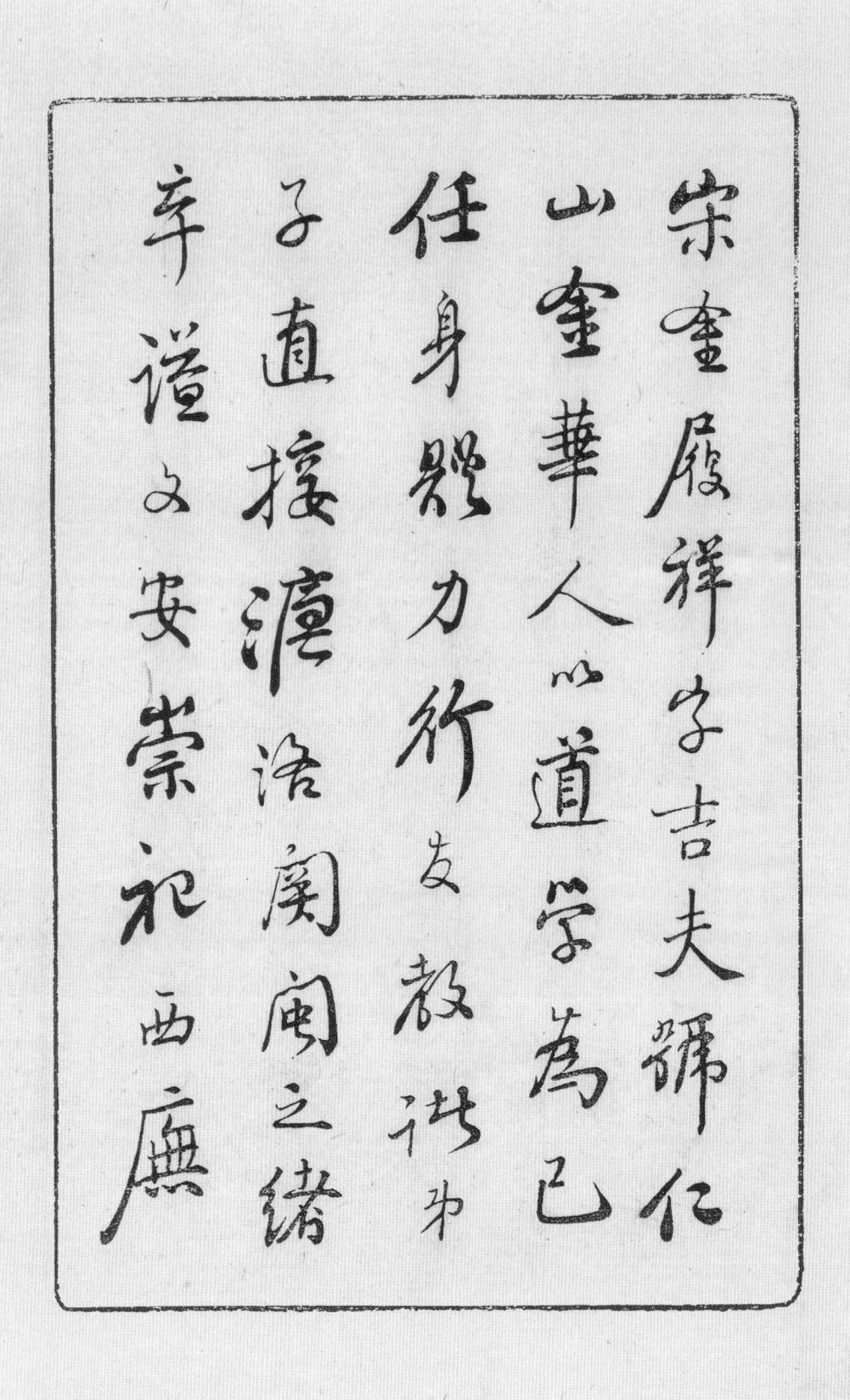

宋金履祥字吉夫号仁
山金华人以道学为己
任身体力行发教洙
子直接濂洛关闽之绪
辛谨之安崇祀西庑

《息影轩画谱》金履祥像赞

金履祥

三九

《息影轩画谱》金履祥像

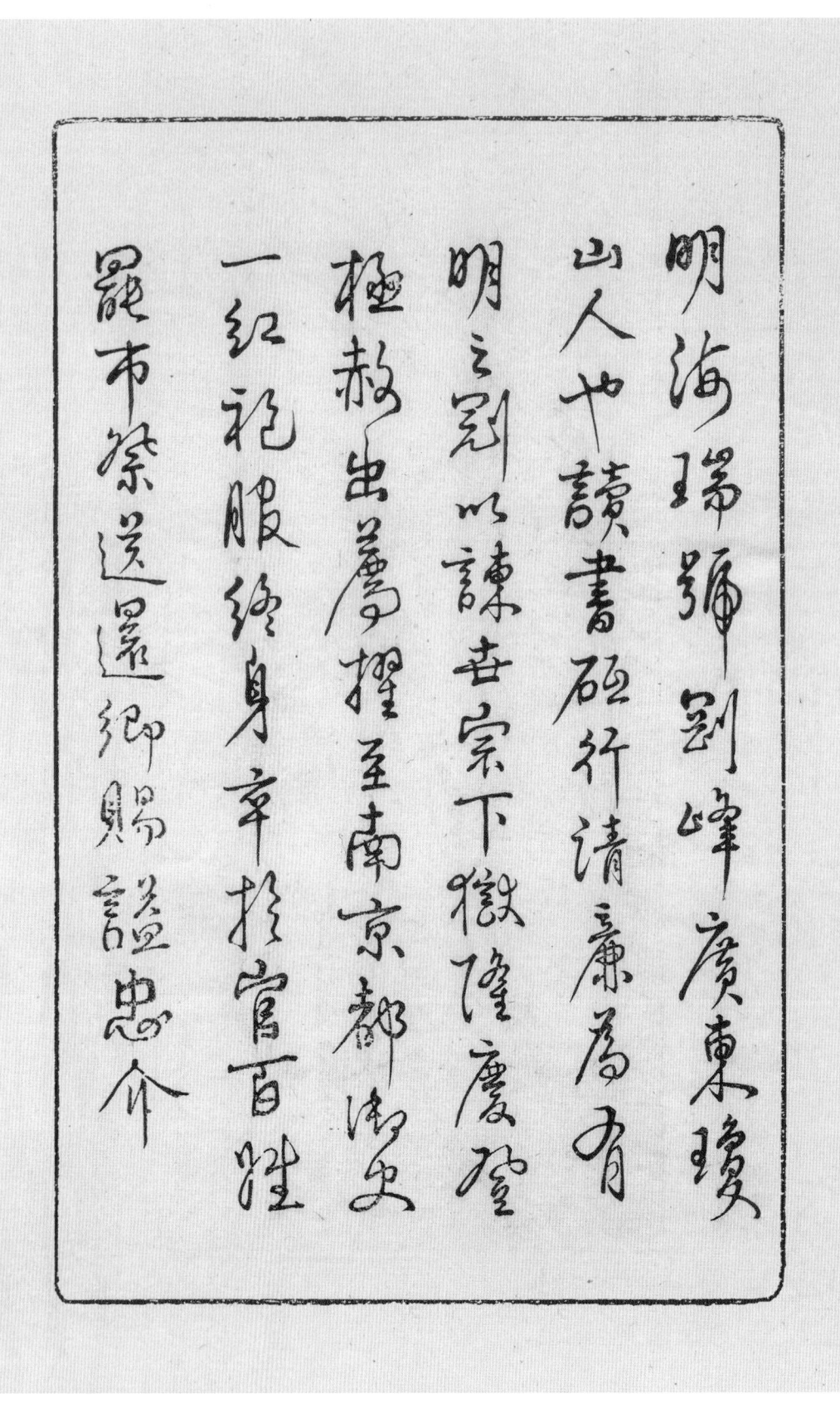

明海瑞彌劉鋒廣東瓊
山人也讀書砥行清廉為有
明之冠以諫忤世宗下獄隆慶
極赦出薦擢至南京都御史
一紈袍服終身卒於官百姓
罷市祭送還鄉賜諡忠介

《息影軒畫譜》海瑞像贊

海瑞

四十

《息影轩画谱》海瑞像

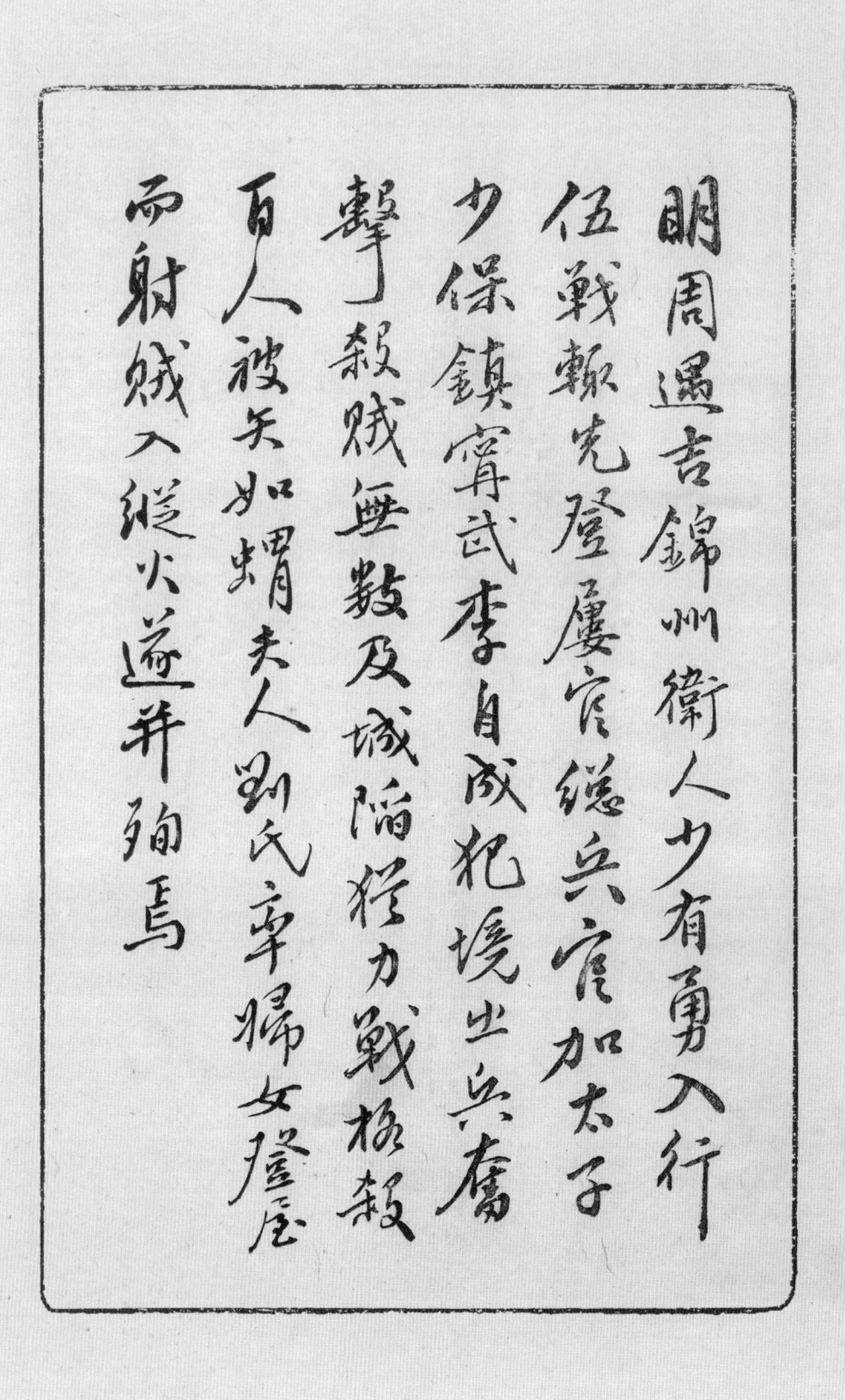

明周遇吉锦州卫人少有勇入行伍战辄先登屡官总兵官加太子少保镇宁武李自成犯境出兵奋击杀贼无数及城陷犹力战格杀百人被矢如猬夫人刘氏率妇女登屋而射贼入继火遂并殉焉

《息影轩画谱》周遇吉像赞

周遇吉

《息影轩画谱》周遇吉像

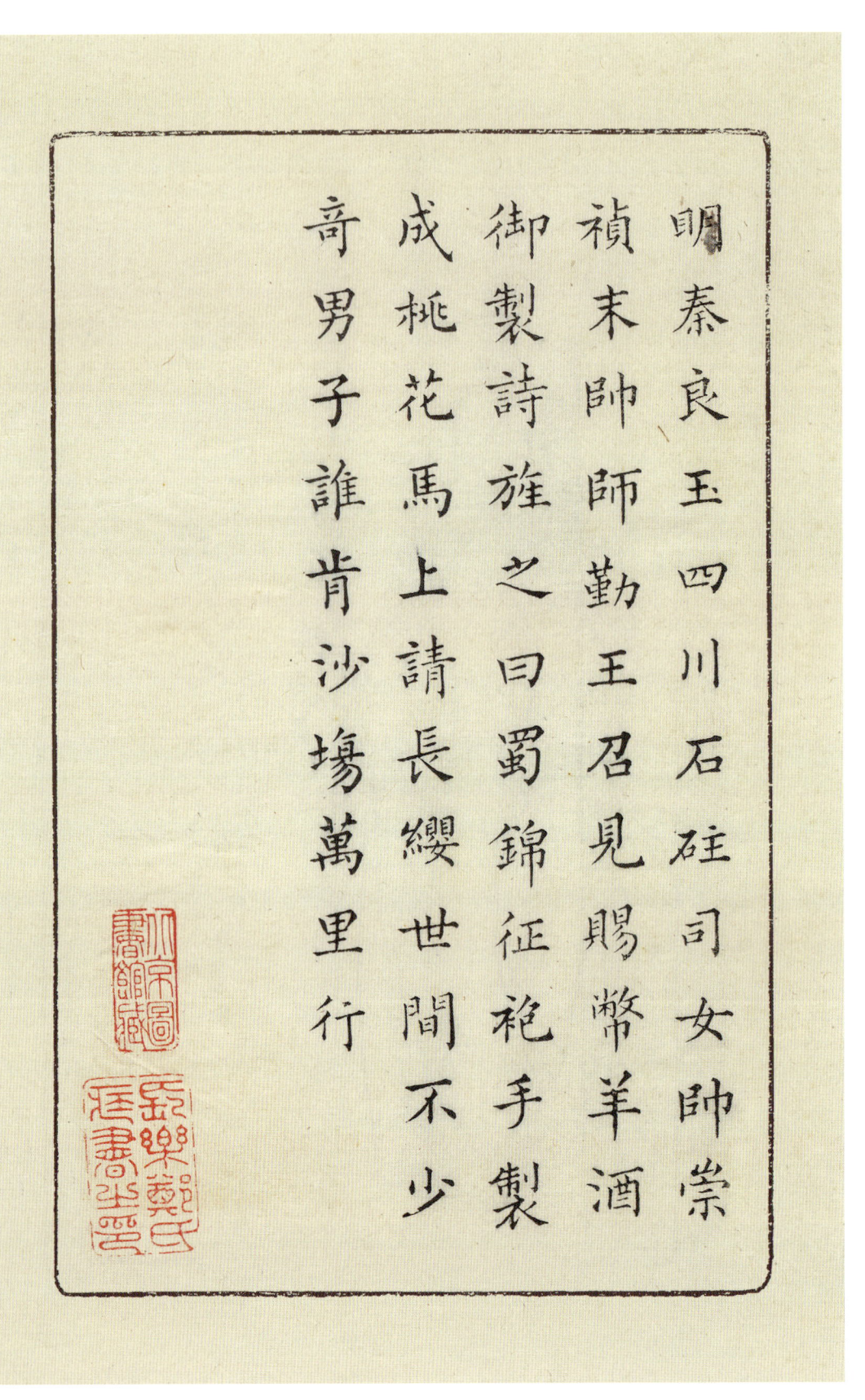

明秦良玉四川石砫司女帥崇
禎末帥師勤王召見賜幣羊酒
御製詩旌之曰蜀錦征袍手製
成桃花馬上請長纓世間不少
奇男子誰肯沙場萬里行

《息影轩画谱》秦良玉像赞

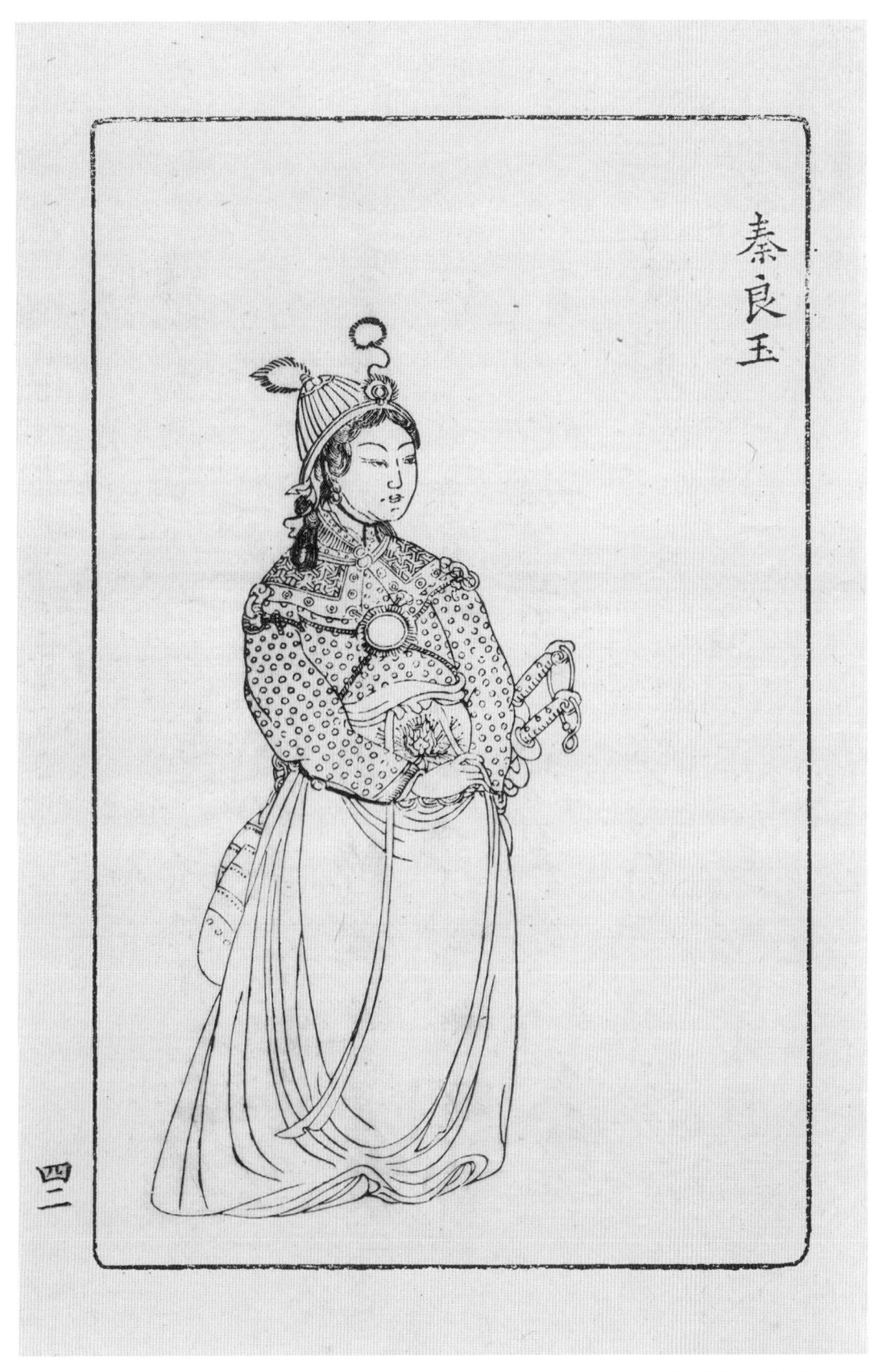

秦良玉

四二

《息影轩画谱》秦良玉像

左忠贞公肖像

清顺治二年（1645）
纸本　墨
选自［清］左中行辑《左忠贞公外纪》

附·崔子忠的绘画老师及师承的书画家作品

[明] 姜隐
西王母图

绢本　设色
纵 172.8cm　横 92.8cm
原日本东京美术学校藏

附 ❖ 崔子忠的绘画老师及师承的书画家作品

西王母图（局部）

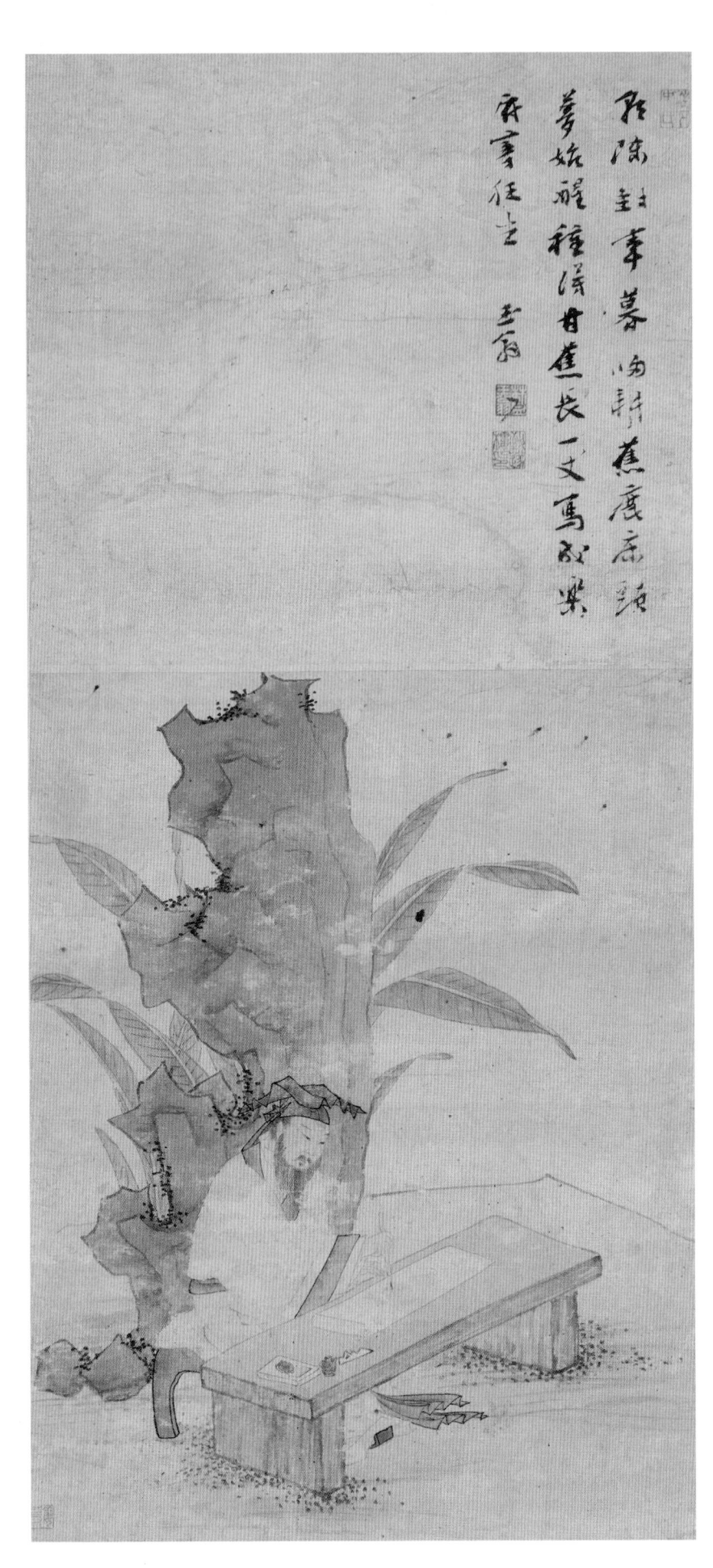

[明] 姜隐
蕉荫赋诗图

绢本　设色
纵 75cm　横 34cm
烟台市博物馆藏

岳修贡兮江献珍吐金茎兮敲浮云宝鼎现兮色氤氲焕其炳兮被龙文登祖庙兮享圣神胎灵德弥亿年

班孟坚宝鼎歌做颜鲁公书 董其昌

[明] 董其昌
行书宝鼎歌轴
绫本
纵 197.7cm　横 46.6cm
上海博物馆藏

關仝關山雪霽畜在余
家一紀餘未嘗展觀今
日案頭偶有此小側理
以畜中諸景改為小卷
永日喜似予面目遂成之
乙亥夏五月 玄宰

附 ◆ 崔子忠的绘画老师及师承的书画家作品

［明］董其昌
关山雪霁图
明崇祯八年（1635）
纸本　水墨
纵 13cm　横 143cm
故宫博物院藏

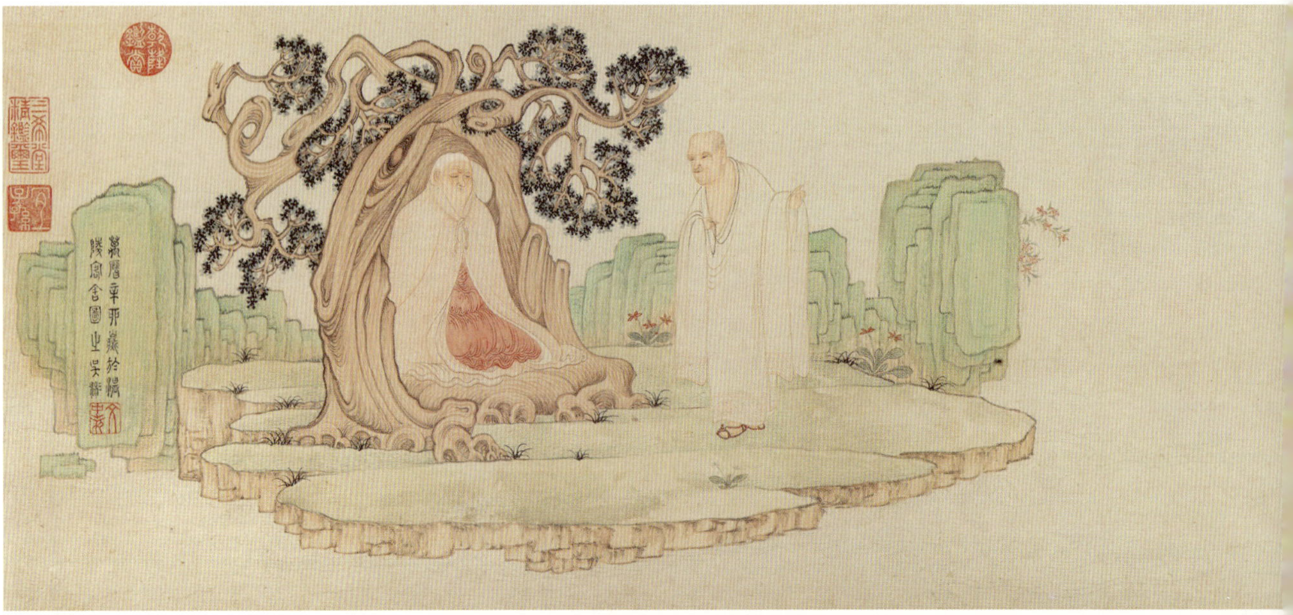

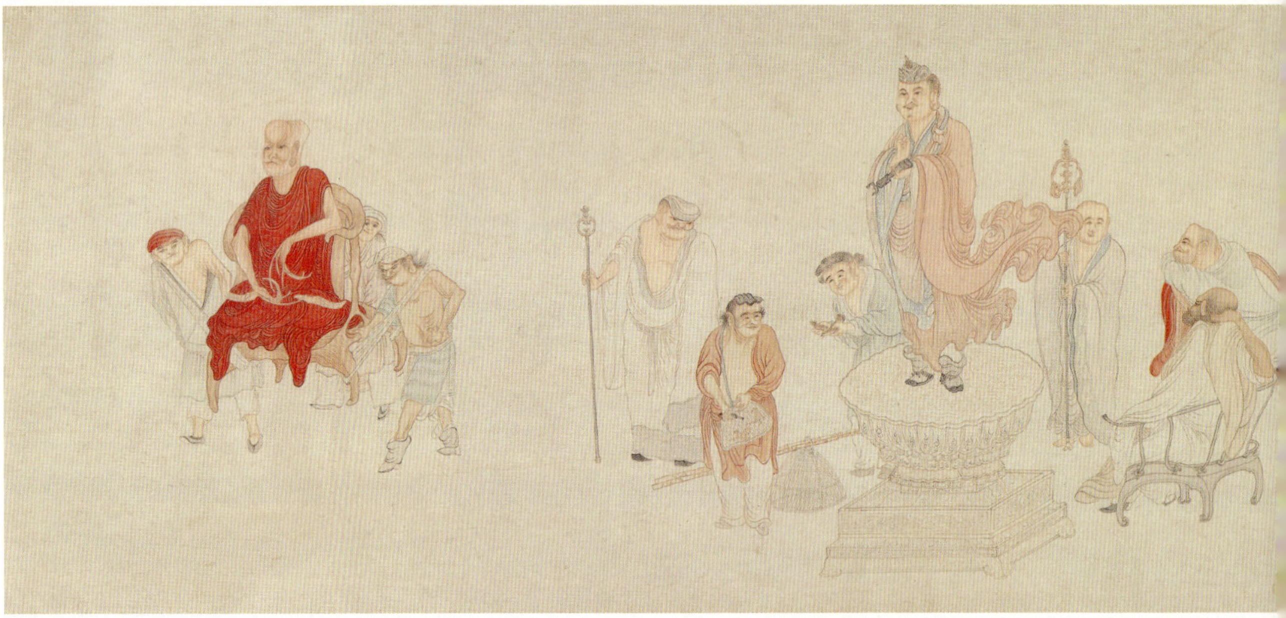

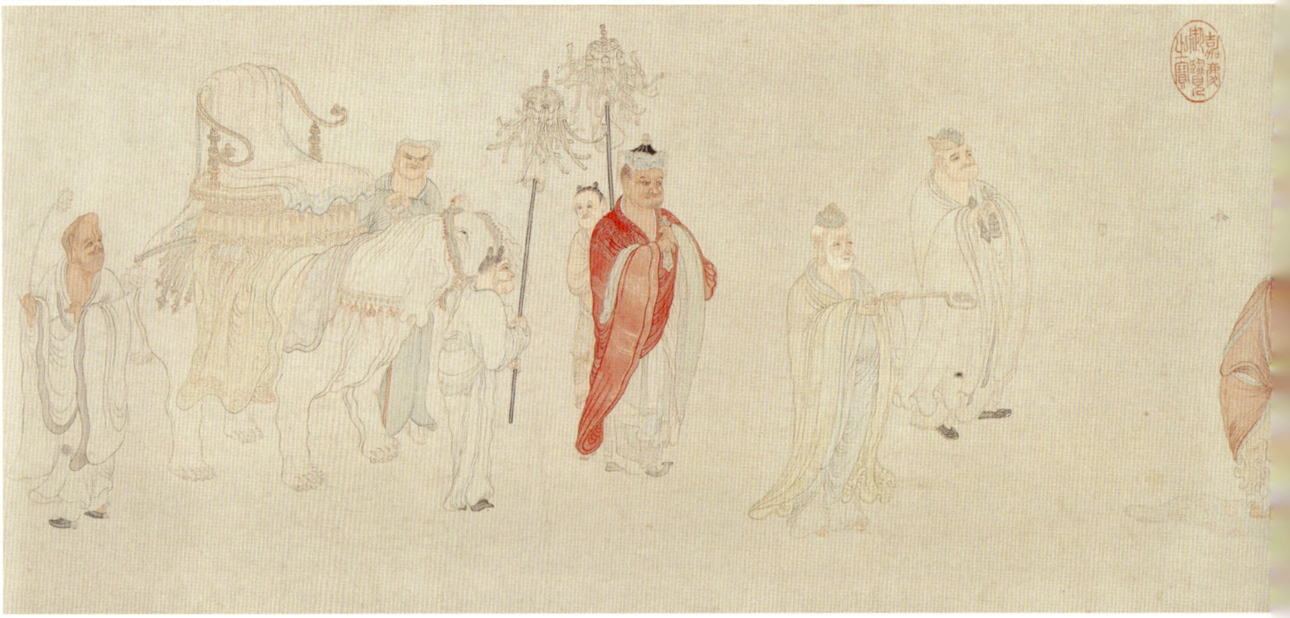

附 ◆ 崔子忠的绘画老师及师承的书画家作品

[明] 吴彬
十六罗汉图
明万历十九年（1591）
纸本　设色
纵 32.1cm　横 415.4cm
美国大都会艺术博物馆藏

171

[明] 吴彬
千峰万壑图

明万历四十五年（1617）
绢本　水墨
纵 213cm　横 83cm
美国印第安纳波利斯艺术博物馆藏

附 ◆ 崔子忠的绘画老师及师承的书画家作品

[明] 米万钟
杏花双燕图

明崇祯三年（1630）
绫本　设色
纵 156cm　横 53.9cm
苏州博物馆藏

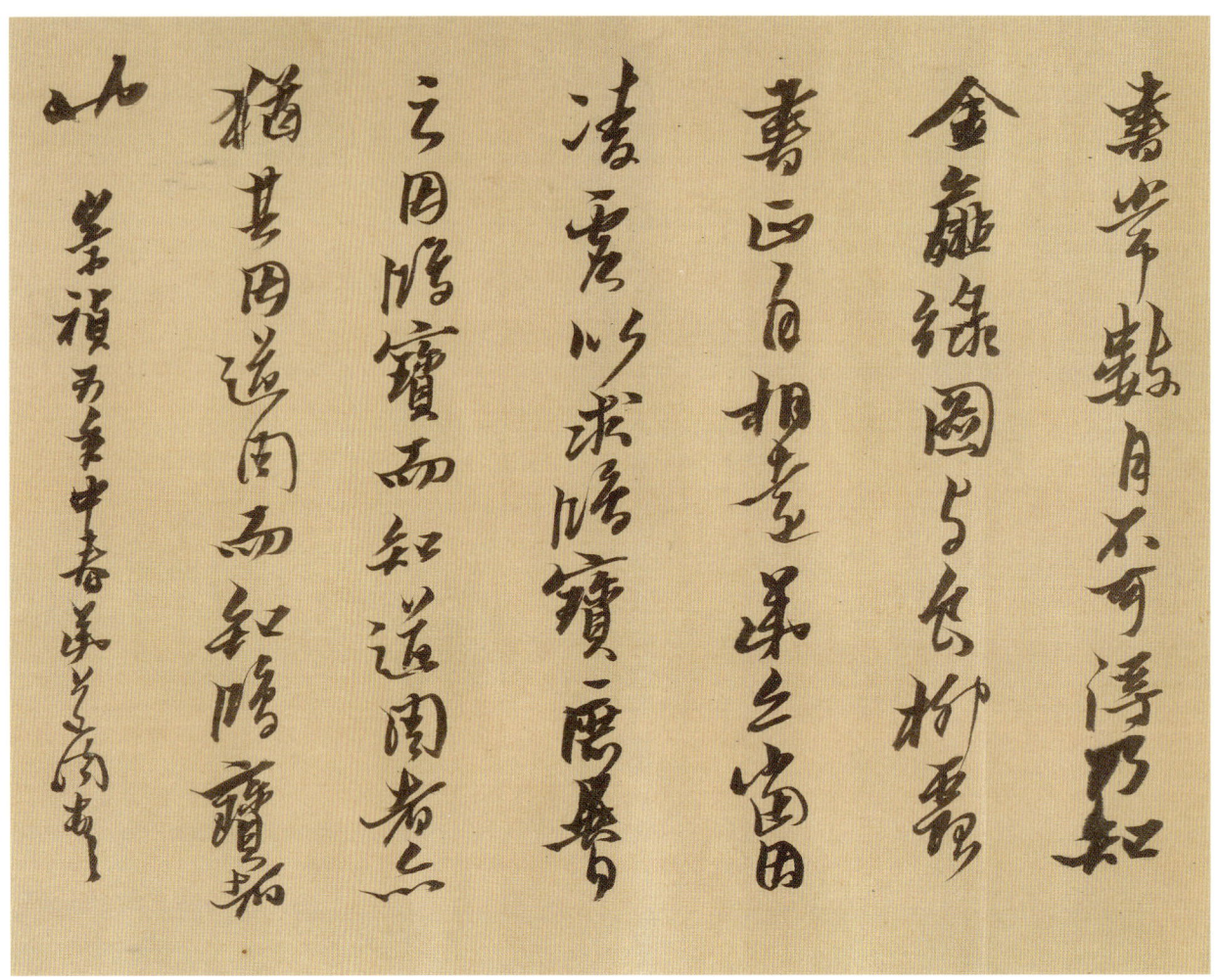

[明] 黄道周、倪元璐
明二家法书合卷（局部）

明崇祯五年（1632）
绢本
美国大都会艺术博物馆藏

附　崔子忠的弟子及后代师法者作品

酌酒歡今夕梅花草屋深絃歌多北調羹核重南金雲白月
初上燈紅漏欲沈季華容易否好為惜分陰二兩世偕兄弟良
宵喜復臨歡呼孺子態珍重老人心平野煙光合殘洲雪影
深銀花高幾許燦爛照踈林

庚子上元前二日飲
五弟宅 敬哉簡

［清］王崇簡
楷书诗轴
清顺治十七年（1660）
纸本
故宫博物院藏

附 ❖ 崔子忠的弟子及后代师法者作品

[清]王崇简
山水图册之六（上）、之十（下）
绢本　水墨、设色
纵 15.8cm　横 19.7cm
故宫博物院藏

[清] 王崇节
临李成《寒林图》卷

绢本　设色
纵 26.5cm　横 109cm
河北博物院藏

附 ◆ 崔子忠的弟子及后代师法者作品

[清] 禹之鼎
春泉洗药图（局部）

清康熙四十二年（1703）
绢本 设色
美国克利夫兰美术馆藏

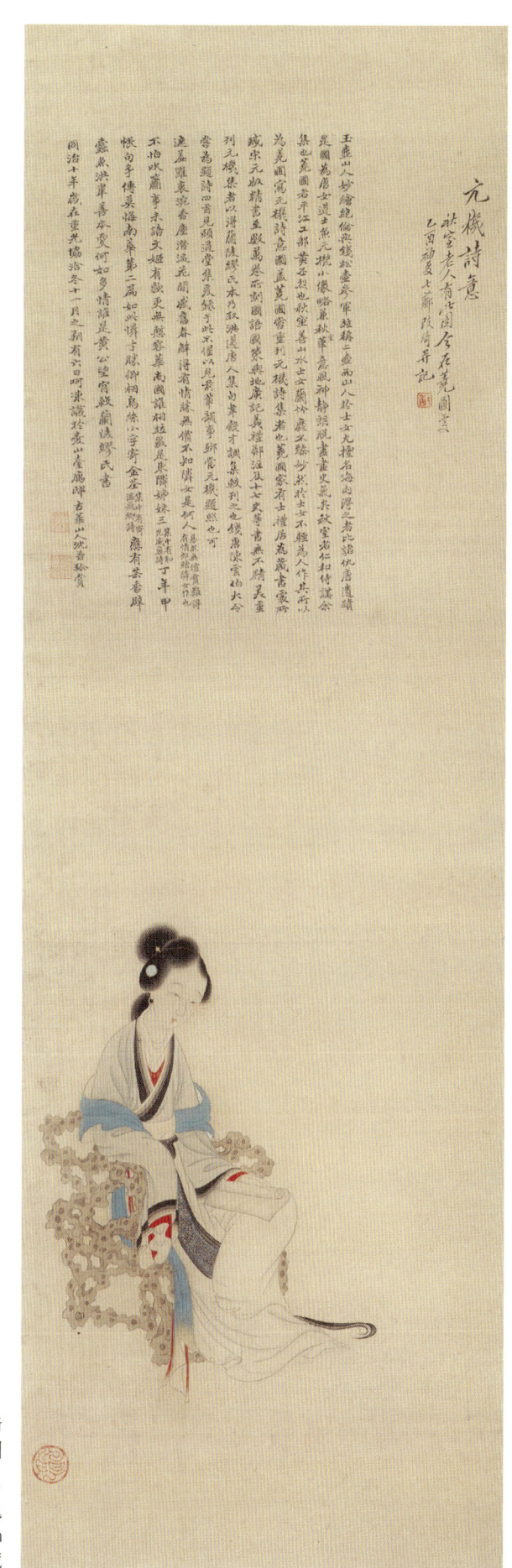

[清]改琦
元机诗意图

清道光五年（1825）
绢本　设色
纵99cm　横32cm
故宫博物院藏

[清] 改琦
薛宝钗（左）林黛玉（右）
纸本　墨
选自淮浦居士重编《红楼梦图咏》

附 ◆ 崔子忠的弟子及后代师法者作品

[清] 费丹旭
红装素裹图
清道光二十一年（1841）
绢本　设色
纵 123cm　横 33cm
中央美术学院美术馆藏

[清] 费丹旭
钟馗图

纸本　设色
纵 127.5cm　横 46.4cm
上海博物馆藏

[清] 张士保
鼓琴纨扇图

清同治八年（1869）
绢本　设色
故宫博物院藏

[清] 任熊
仿崔陈麻姑像图

绢本　设色
纵 162.3cm　横 86.2cm
故宫博物院藏

［清］钱慧安
麻姑图
清光绪十三年（1887）
纸本 设色
故宫博物院藏

［清］钱慧安
斗寒图

清咸丰十一年（1861）
金笺扇面　设色
纵 18.5cm　横 50cm
故宫博物院藏

［清］任薰
梅竹幽禽图

金笺扇面　设色
纵 19cm　横 53.6cm
故宫博物院藏

岁寒守岁图
松柏不凋岁寒愈茂
坚持雅操益徵介寿
光绪戊戌十二月也谨
用石谷子大致写呈
次陶老先生雅鉴
后学嘉颖并题

[清] 刘嘉颖
岁寒守岁图
清光绪二十四年（
纸本 设色
纵 68cm 横 41.
潍坊市博物馆藏

附 ◆ 崔子忠的弟子及后代师法者作品

王一亭
庞虚斋抱兔图

民国十六年（1927）
纸本　设色
纵 136.6cm　横 69cm
上海博物馆藏

贰·崔子忠绘画作品编目及考略

一、传世作品

普贤菩萨洗象图

质地： 绢本　设色

尺寸： 纵 74.3cm，横 27.3cm

题识： □□□□人□□□王发财□□□时癸卯（1603）之冬子忠为□□。

著录：〔日〕户田祯佑、小川裕充编《中国绘画总合图录》（续编）第三卷，东京大学出版会，1999年，第116页：《JP12—286 明崔子忠普贤菩萨洗象图》。

品画图

质地： 绢本　设色

尺寸： 纵 91.5cm，横 41.5cm

题识： 逼视之如草书十行下，纵横览之如蟠虬曲葛。古人之画葡萄也，先得之晶光雨露之表，而不惴惴于草枝木理间，求之点睛，政（正）虞飞去。古之画龙者，又得之于云汉空明之外，不事濡毫泼墨为工。师人不如师造化，疑写真而不写伪也。颊上三毛，可与论画。画右翊于尺缯上，远之而□然行，即之而诩诩然笑，退然不胜衣。其右翊之为恭，寂焉无所□。其右翊之言讷，讷然如不出诸其口也。尝试于疏烟淡月之下，游鱼升升之间，开万卷书，引太白酒令，一科头童子以荣枝邛杖，张之前后，依其左右，右翊其自相宾主耶。时年二十有六，日月变迁，图形不易，故附记之。天启壬戌（1622）初冬，北海崔子忠题。

钤印： 子忠（白文）、家住三城二水滨（朱文）

著录：〔日〕铃木敬编《中国绘画总合图录》第一卷"A16—024"，东京大学出版会，1982年，第111页。

台北故宫博物院编《晚明变形主义画家作品展》，台北故宫博物院，1977年，第585页。

收藏： 美国普林斯顿大学艺术博物馆

春夜宴桃李园图

质地： 绢本　设色

尺寸： 纵 120cm，横 45.4cm

出版/展览：

上海人民美术出版社编《山东省博物馆书画选》，上海人民美术出版社，1980年，第10页。

上海人民美术出版社编《艺苑掇英》第十二期（山东博物馆专辑），上海人民美术出版社，1981年，第10页。

山东博物馆主办"明清人物画精品展"，山东博物馆，2016年。

山东博物馆主办"妙染寻幽——山东省古代绘画精品展"，山东博物馆，2020年。

收藏： 山东博物馆

按，陈陶题跋（裱边）：青蚓先生本吾东莱阳人，流寓顺天为府庠生，甲申走入土室而殉。画笔以人物为最，面目奇古，衣纹铁线，非唐非宋，自成一家，与老迟齐名，当时有"南陈北崔"之目，其迹流传绝鲜。寸缣尺素，珍若星凤。此《春夜宴桃李园图》为高密故家物，以未署款，遂委顿于蛛丝煤尾。西翁先生见之，诧为真迹，拜金购得，急加襄池。人面虽已剥蚀，而一种静穆雅秀之气终不少损。以西翁所藏之《桃源图》便面、《桑梓之遗》之《啖果图》、先藏之《仕女图》证之，用笔无不吻合，稿为先生真笔无疑，洵可宝贵。二百余年之物晦而复显，非独具只眼者又焉能物色出风尘外哉？曩福山王文敏集海岱人文，搜罗数十年，迄未有获，乃西翁于无意中得之，其欣幸又当何如？西翁惧名迹之复湮，属为笔之于侧，辞不获已，爰志数语以归之，世之具精鉴者，知我、罪我，俱无□焉。光绪二十九年癸卯（1903）三月十七日，抚曾陈陶将入都倚装书。

该图章法布局类宋人，笔墨渲染类姜隐《西王母图》。上海人民美术出版社先后两次出版该图，均署名"（明）无款"。1984年美国学者安雅兰博士论文《崔子忠的绘画风格及主题意义》、1997

年中国古代书画鉴定组编《中国古代书画图目》将其收入其中，也没有认定是崔氏作品。其实，清人陈陶在边跋中已经详细说明作品出处，民国画家刘嘉颖还以此为蓝本，作《摹崔子忠桃李园夜宴图》。该图章法布局、人物形象与美国普林斯顿大学艺术博物馆藏《品画图》相似，可称姊妹篇，为同系列作品无疑。

仙人瑞兽图

质地：纸本　设色

尺寸：纵 108.5cm，横 49.4cm

题识：天启六年（1626）三月望日，北海崔子忠写。

钤印：崔子忠印（白文）、青蚓（朱文）

著录：〔日本〕户田祯佑、小川裕充编《中国绘画总合图录》（续编）第二卷 "S17—053"《明崔子忠人物画》，东京大学出版会，1998年，第24页。

收藏：香港中文大学文物馆（北山堂赠）

藏云图

质地：绢本　设色

尺寸：纵 189cm，横 50.2cm

题识：丙寅（1626）五月五日，予为玄胤同宗大书《李青莲藏云》一图，图竟而烟生薮泽，气满平林，恍如巫山，复恍如地肺。昔人谓巫山之云，晴则如絮，幻则如人，终不及地肺。地肺之山，云祖也，春峦峦不辨草木，行出足下，坐生袖中，旅行者不见前后。史称李青莲安车入地肺，负瓶瓯而贮浓云，归来散之卧内，日饮清泉卧白云，即此事也。崔子忠。

钤印：丹仙骨（朱白文）、家住三城二水滨（朱文）、画心（朱文）

著录/出版/展览：

杨新主编《故宫博物院院藏明清绘画》，紫禁城出版社，1989年，第76页。

中国古代书画鉴定组编《中国绘画全集 18：明 9》，浙江人民美术出版社、文物出版社，2000年，第87页。

中国古代书画鉴定组编《中国古代书画图目（二十一）》，文物出版社，2000年，第224页。

故宫博物院、上海博物馆编《南陈北崔——故宫博物院、上海博物馆藏陈洪绶、崔子忠书画集》，上海书画出版社，2008年，第182—183页。

故宫博物院主办"故宫博物院藏明清绘画展"，故宫博物院，1994年。

故宫博物院、上海博物馆主办"南陈北崔——故宫博物院、上海博物馆藏陈洪绶、崔子忠书画特展"，上海博物馆，2008年。

故宫博物院、中国美术馆主办"明清绘画精选——故宫博物院、中国美术馆藏品联展"，中国美术馆，2008年。

收藏：故宫博物院

按：该图为同宗崔玄胤而作，曾藏梁清标家。

渔父图

质地：纸本扇面　设色

尺寸：纵 17.5cm，横 31.5cm

题识：渔浦浪高，共钓一江烟雨。山空夜静，满川明月归来。海上崔子忠为孟翁老先生画。

钤印：子忠（白文）

收藏：首都博物馆

白描佛像图

质地：纸本　水墨

尺寸：纵 30cm，横 56cm

题识：函翁吾师素手写《金刚》，乃换鹅之《黄庭》也。释与儒当无强生分别。吾师言足以说经，气足以遣魔，聪知足以断六欲，慷慨足以出世相。小子缘"金刚"两字，顾图一佛于首。辛未（1631）九月九日，长安门下士崔子忠手识。

钤印：子忠之印（白文）

出版/展览：

中国古代书画鉴定组编《中国绘画全集18：明9》，浙江人民美术出版社、文物出版社，2000年，第88—89页。

故宫博物院、上海博物馆编《南陈北崔——故宫博物院、上海博物馆藏陈洪绶、崔子忠书画集》，上海书画出版社，2008年，第185—187页。

故宫博物院、上海博物馆主办"南陈北崔——故宫博物院、上海博物馆藏陈洪绶、崔子忠书画特展"，上海博物馆，2008年。

收藏：上海博物馆

按：该图与田大受书《金刚经》合璧，图卷题记、题跋、钤印如下。

（一）[明]田大受书《金刚经》（文略）；题识：崇祯辛未（1631）重阳日，瀛州奉佛弟子田大受沐手敬书。

（二）[清]崇恩引首：不可思议。奉佛弟子崇恩敬题于智印庵。钤印：觉罗崇恩（白朱文）

题跋：同治元年（1862）岁在壬戌二月之望，香南居士崇恩敬观。钤印：觉罗崇恩（白朱文）

（三）[清]崇烈守题外签：崔子忠白描金刚像，田大受写经。无上上品。惜装工不佳。光绪壬寅（1902）九日，崇烈守藏。

（四）[清]张槃题内签：崔青蚓白描金刚像。辛酉（1861）四月浴佛日得于德州差次，张槃敬志。钤印：退一步斋（朱文）

题跋：崔子忠字青蚓，一名丹，字道母，莱阳人，侨居京师。形容清古，言辞简质，望之不似今人。画规模顾、陆、阎、吴，若关、范以下不复措意。所居蓬蒿，翳然莳花养鱼，杳然遗世。一妻三女，皆能诵诗，解衣盘礴，山斋佛壁，往往有之。俗人用金帛相购，虽穷饿，掉头弗顾。乱后无以给朝夕，卒以贫死。都门三子传。咸丰十有一年（1861）辛酉九秋朔日，北平张槃小蓬氏识于德州差次。

钤印：臣槃（朱白文）、小蓬（朱文）、退一步斋（朱文）、张押（朱文）、曾为小蓬所藏（朱文）

（五）鉴藏印：尚友斋（朱文）、王实坚印（白文）、元固（朱文）

云林洗桐图

质地：绫本　设色

尺寸：纵160cm，横53cm

题识：古之人洁身及物，不受飞尘，爱及草木，今人何独不然？治其身，洁其浣濯，以精一介，何忧圣贤？圣贤宜一，无两道也。慎吾老先生之谓与？为绘倪元镇洗梧桐一事，以祝其洁，可与也。若夫严介自修，三千年上下周秦及今日无两人。吾谓倪之洁，依稀一班尔。自好不染，世之人被其清风，曰：君子嘉乐，端与斯人共永也。长安崔子忠识。

钤印：子忠之印（白文）

著录/出版/展览：

[清]英和纂《石渠宝笈三编》御书房藏二《明崔子忠云林洗桐图》一轴，清嘉庆内府钞本。

台北故宫"中央"博物院联合管理处编《故宫书画录》卷五，中华丛书委员会，1956年，第425页。

台北故宫博物院编《晚明变形主义画家作品展》，台北故宫博物院，1977年，第585页。

台北故宫博物院编辑委员会编《故宫书画图录》第九册，台北故宫博物院，1992年，第235—236页。

台北故宫博物院主办"晚明变形主义画家作品展"，台北故宫博物院，1977年。

收藏：台北故宫博物院

按，图中鉴藏印：嘉庆御览之宝（朱文）、嘉庆鉴赏（白文）、三希堂精鉴玺（朱文）、宜子孙（白文）、石渠宝笈（朱文）、宝笈三编（朱文）、宣统御览之宝（朱文）

该图章法布局、人物造型、画面意境等，与为董其昌所作《云林洗桐图》完全一致（见《无声诗史》），当为同一系列作品，今暂定其作于崇祯六年（1633）。

长白仙踪图

质地：绢本　设色

尺寸：纵 35.6cm，横 97.4 cm

题识：甲戌（1634）三秋，同里后学崔子忠奉教华翁太老师沐手谨图。

钤印：子忠之印（白文）

著录 / 出版 / 展览：

徐邦达编《历代流传书画作品编年表》，上海人民美术出版社，1963 年，第 134 页。

台北故宫博物院编《晚明变形主义画家作品展》，台北故宫博物院，1977 年，第 585 页。

伍蠡甫主编《中国名画鉴赏辞典》，上海辞书出版社，1993 年，第 754—755 页。

中国古代书画鉴定组编《中国绘画全集 18：明 9》，浙江人民美术出版社、文物出版社，2000 年，第 90—91 页。

故宫博物院、上海博物馆编《南陈北崔——故宫博物院、上海博物馆藏陈洪绶、崔子忠书画集》，上海书画出版社，2008 年，第 188—193 页。

故宫博物院、上海博物馆主办"南陈北崔——故宫博物院、上海博物馆藏陈洪绶、崔子忠书画特展"，上海博物馆，2008 年。

收藏：上海博物馆

按：该图与董其昌书《白兔公记》合璧，图卷中有如下题记、题跋及钤印。

（一）[明] 文震孟引首：长白仙踪。华翁遇瑞兔于长白之麓，因筑兔柴于山之翠微，颜之丹青为之记。董宗伯书之而命余题其端。甲戌（1634）中秋，长洲文震孟。

钤印：洞有仙人箓山藏太史书（朱文）、文震孟印（白文）、清瑶屿（白文）

（二）[明] 董其昌书《白兔公记》：白兔公记。吾邑南一带皆长白山，《抱朴子》云：泰山之副岳，云气常白故名。近城三里许，有黄山状如伏虎，多大礐，及长白之枝孙也。万历戊戌（1598）春，余家居读《礼》。一日同友人闲步此山，方及翠微之坪，忽一兔自坪半倏而奔，余心动喜曰："兹吉地也。"遂卜日相度其形势，创一洞一亭为寄兴之所，名之曰"兔柴"，取意偶然云尔。庚午（1630）秋自浙回，静居寄清小园，闲阅唐韩翃《送齐山人归长白山》诗，有"旧事仙人白兔公"之句，复心动，因细查。诗注云：《一统志》载，长白山又名会仙山，白兔仙居此。乃大喜曰："兔柴名号其天授乎？"而详实尚无据。辛未（1631）春寓金陵，偶出谒客聚宝门，入画士雷姓者中堂，举目见壁上方画二仙像，一草衣手握莰苓，一黄冠手执杖，傍一兔，皆未设色。急呼问之，对曰："草衣者赤松子，雨师，汉张良愿从游者。黄冠白兔仙也，彭祖弟子，事吐纳之术，得长生，常乘飞兔，见《神仙交感传》。"余惊喜益甚。《记事珠》又云："白兔子与赤松子同时为师弟。"余肃礼虔心敬画之二像，装潢以归，且供之洞中。兔所奔处，夫神仙之迹，原荒幻不可深考。但兔柴创于三十年之前，仙像获于三千里之远，无心而合若符契。然余自浙归已悬车矣，复有金陵之游，得观雨花、牛首、燕矶之胜。一出一处亦前定而弗觉，盖奇缘也。会仙山在邑南十五里许，长白之别出者，余曾两见仙灯于此，其山高可瞻岱望海，灵异之区，另有记，兔柴有石记，董大宗伯思白亦有记。崇祯五年（1632）壬申冬十月，邹平张延登舟泊峄县沧浪渊记。临安山深处有异人居石洞中，不饮不食，面如铁，身如柴，旁有飞蟾，每以火啖之。两目赤红，已十二斤矣，至二十斤即骑之冲举。客有拉余访之者，未果去。乃知白兔上之兔即琴高之鲤、子乔之凤，尽借之助道，身外有身。如寒山拾得，非一非二。因为华东先生书此记及之。崇祯六年（1633），岁在癸酉四月八日，云间董其昌跋。

钤印：宗伯学士（白文）、董氏玄宰（白文）、寄清园（白文）、花香居（白文）、延登（白文）

（三）[明] 姜逢元尾跋：今日之获，不角不牙，缺口长须，八窍趺居，连山之筮，遂开万世文字之祖。华东先生善谕文，识拔多名士，北公岂即中山君耶乎？谓兔孕灵月窟，为太阴精。先生阴德过人，必食美报。不当与白麋、白蝠、黄麟、青鸟等同幻视也。留侯辟谷忆赤松，果老叠纸为骡游戏天壤。先生固请还山，斯亦大畅宗风矣。甲戌（1634）又八月廿九日于越，姜逢元记。

钤印：笔研精良人生一乐（朱文）、姜逢元印（朱文）、字仲讱（白文）

（四）鉴赏印：朱起哉师事（朱文）、朱起哉图书记（朱文）、曾在朱屺瞻家（朱文）、起哉服膺（白文）、泽春所得金石（白文）

渔家图

质地：金笺扇面　设色

尺寸：纵 17.6cm，横 52.3cm

题识：渔国网罟忘粒食，浮家砧杵急寒衣。毛颖叔雅爱予笔墨，客有持予尺水寸山，非措之重赀，则易之珍玩。曾不问工拙真伪也。使易世后重我如颖叔，则崔生重矣。乃以《渔家图》遗之，欲识崔生真面目耳。北海崔子忠。

钤印：子忠（朱文连珠）

著录 / 出版 / 展览：

[清] 陈介锡编《桑梓之遗录文》卷十第九十三册《莱阳崔高士子忠人物画扇二》，收入《山东文献集成》第一辑（4），山东大学出版社，2006 年，第 418 页。

中国古代书画鉴定组编《中国绘画全集 18：明 9》，浙江人民美术出版社、文物出版社，2000 年，第 94—95 页。

故宫博物院、上海博物馆编《南陈北崔——故宫博物院、上海博物馆藏陈洪绶、崔子忠书画集》，上海书画出版社，2008 年，第 202—203 页。

"故宫博物院绘画馆陈列展"，故宫博物院，1954 年。

故宫博物院、上海博物馆主办 "南陈北崔——故宫博物院、上海博物馆藏陈洪绶、崔子忠书画特展"，上海博物馆，2008 年。

收藏：故宫博物院

按：该图为顺天诗人毛锐而作。

童儿图

质地：绢本　设色

尺寸：纵 132cm，横 51.5cm

著录：[日] 户田祯佑、小川裕充编《中国绘画总合图录》（续编）第二卷 "E22—020"《明崔子忠童儿图》，东京大学出版会，1998 年，第 320 页。

收藏：捷克布拉格国家美术馆

临池图

质地：绢本　设色

尺寸：纵 174.8cm，横 59.2cm

题识：丙子年（1636）三月崔子忠□□□□□。

著录 / 出版：

罗振玉撰《雪堂类稿·戊长物簿录（三）》戊之三书画目《宸翰楼所藏书画目录》，萧文立编校，辽宁教育出版社，2003 年，第 579 页：又临池图轴。

邓秋枚编《神州国光集》第五集《明崔青蚓临池图》，神州国光社，清光绪三十四年（1908）。

台北故宫博物院编《晚明变形主义画家作品展》，台北故宫博物院，1977 年，第 585 页。

收藏：唐风楼旧藏

货郎童儿图

质地：缎本　设色

尺寸：纵 205cm，横 125cm

题识：丙子（1636）春三月写，子忠氏。

钤印：子忠父（朱文）

收藏：英国大英博物馆

按：该作品原由奥古斯都·沃拉斯顿·弗兰克斯爵士收藏，是威廉·安德森教授在日本居住期间（1873—1880）收集的 2000 多幅日本和中国绘画作品之一。1881 年入藏大英博物馆。曾入编《大英博物馆藏日本和中国绘画描述及历史目录》。

天中货郎图

质地：绢本　设色

尺寸：纵 110.1cm，横 46.4cm

题识：北平崔子忠。

钤印：崔子忠印（白文）、青蚓（朱文）

著录：[清] 英和纂《石渠宝笈三编》延春阁藏二十七《明崔子忠天中货郎图》一轴，清嘉庆内府钞本：（本幅）绢本，纵三尺四寸四分，横一尺四寸五分，设色，画货郎，就树荫弛担藉地，陈设杂具，一人挈三小儿从旁观之。款：北平崔子忠。钤印二：崔子忠印、青蚓

台北故宫博物院编《晚明变形主义画家作品展》，台北故宫博物院，1977 年，第 585 页。

收藏：故宫博物院

按，图中鉴赏印：三希堂精鉴玺（朱文）、宜子孙（白文）、嘉庆鉴赏（白文）、嘉庆御览之宝（朱文）、宣统御览之宝（朱文）、石渠宝笈（朱文）、宝笈三编（朱文）

山水人物图册页

质地：纸本　设色

尺寸：纵 27.7cm，横 37.3cm

钤印：崔子忠印（白文）

著录/出版/展览：

台北故宫博物院编《晚明变形主义画家作品展》，台北故宫博物院，1977 年，第 585 页。

[日本] 铃木敬编《中国绘画总合图录》第一卷 "A21—135"，东京大学出版会，1982 年，第 240 页。

收藏：美国弗利尔美术馆（查尔斯·郎·弗利尔捐赠）

按：该作品与崔氏通常风格不同，弗利尔美术馆也并不能完全肯定是崔氏作品，但其图式、笔法及背景雾气的处理，却与崔氏神韵相通。印文风格也非常相似。王崇简《青箱堂文集》卷十《题友人小画》记载："若此烟云出没笔端变化浓淡间，想见胸次之宕逸，岂必古人也。"当是指该图，今列本编目中。

杏园送客图

质地：绢本　设色

尺寸：纵 153.7cm，横 52.4cm

题识：戊寅（1638）中秋月三日，长安崔子忠为七闽鱼仲先生图此。先生之官去旬日，留之涿鹿，继而回，单骑去金陵。一使皇皇守此图，无此不复对主人，是以不食不寐为之，对宾客亦未去手。鱼仲之好予者至矣！予之报鱼仲者，岂碌碌耶？

钤印：子忠之印（白文）

著录/出版/展览：

台北故宫博物院编《晚明变形主义画家作品展》，台北故宫博物院，1977 年，第 585 页。

[日本] 铃木敬编《中国绘画总合图录》第一卷 "A31—148"，东京大学出版会，1982 年，第 365 页。

[美国] 高居翰著、王嘉骥译《山外山：晚明绘画（1570—1644）》，生活·读书·新知三联书店，2009 年，第 297 页。

收藏：美国查森美术馆

按：该作品为漳浦刘履丁而作。

问道图

质地：纸本扇面　设色

尺寸：纵 20.8cm，横 60.2cm

题识：崔子忠。

钤印：子忠（朱文）

著录/出版/展览：

[清] 潘正炜《听帆楼书画记》（四），第 329 页。

故宫博物院、上海博物馆编《南陈北崔——故宫博物院、上海博物馆藏陈洪绶、崔子忠书画集》，上海书画出版社，2008年，第200—201页。

"故宫博物院绘画馆陈列展"，故宫博物院，1954年。

"故宫博物院院藏明清绘画"，故宫博物院，1994年。

故宫博物院、上海博物馆主办"南陈北崔——故宫博物院、上海博物馆藏陈洪绶、崔子忠书画特展"，上海博物馆，2008年。

收藏：故宫博物院

按，图中鉴藏印：听帆楼藏（白文）、香垣鉴古（白文）、季彤心赏（白文）

扫象图

质地：纸本 设色

尺寸：纵101.2cm，横53.3cm

题识：北海崔子忠。

钤印：青蚓氏（白文）、崔子忠印（白文）

著录/出版/展览：

[清] 英和纂《秘殿珠林三编》卷二乾清宫藏《明崔子忠扫象图》一轴，清嘉庆内府钞本。

国立北平故宫博物院编《故宫书画集》第三十五期《明崔子忠扫象图》，北平故宫博物院，1932年。

台北故宫博物院编《晚明变形主义画家作品展》，台北故宫博物院，1977年，第412—413页。

台北故宫博物院编辑委员会编《故宫书画图录》第九册《明崔子忠扫象图轴》，台北故宫博物院，1992年，第229—230页。

收藏：台北故宫博物院

按，图中清高宗题诗：内空外空内外空，寓言扫象示宗风。东坡留带分明写，笔墨大同意不同。辛卯春日御题。钤印：乾隆（朱白文连珠）

鉴藏印：乾隆御览之宝（朱文）、乾隆鉴赏（白文）、三希堂精鉴玺（朱文）、宜子孙（白文）、嘉庆御览之宝（朱文）、嘉庆鉴赏（朱文）、秘殿珠林（朱文）、珠林三编（朱文）、宣统御览之宝（朱文）

三酸图

质地：绢本 设色

尺寸：纵26.3cm，横27cm

题识：北海崔子忠。

钤印：北海（白文）。

著录/出版：

[清] 陈介锡编《桑梓之遗录文》卷一第八册《莱阳崔高士子忠白描人物一》，收入《山东文献集成》第一辑（4），山东大学出版社，2006年，第40页：三酸图，绢本，高七寸四分，阔七寸三分。北海崔子忠。

〔瑞典〕博·维尔海姆·吉伦斯瓦德：《欧内斯特·埃瑞克森收藏的一些中国画》，《远东古物博物馆馆刊》第36期（1964），第163—164页。

收藏：瑞典国家世界文化博物馆（远东古物博物馆）

按，[清] 李佐贤题跋：崔青老以胜国诸生成仁殉节，不仅以画传，即以画论亦卓然，知其可传。此《三酸图》神致如生，衣纹俱古，世传此老与老莲齐名，当时有"南陈北崔"之目，洵不愧一时瑜亮。

《桑梓之遗录文》有关该图形制、质地、人物形象及李跋的记载，皆与瑞典国家世界文化博物馆（远东古物博物馆）藏《三个吃水果的学者》（又名《饮茶图册页》）相同，为同一作品无疑。今统称之为《三酸图》。

唐代宫女图

质地：绫本 设色

尺寸：纵220.8cm，横81.6cm

题识：一日为玉仲为此，学唐人宫女式而逸之者也。既竟，静观良久，为之言曰：翩然欲步下，幽然有所思，可与净言，可与解语，衣之天缫丝，照之犀脂炬，可乎？敬哉能诗，为我叶言于次，崔子忠识。

钤印：子忠之印（白文）、画心（朱文）

著录：[清]李佐贤著《书画鉴影》卷二十二《崔子忠仕女轴》，清同治十年（1871）利津李氏刻本，第12页。

郑振铎编《域外所藏中国古画集之七·明遗民画续集》之《四 崔子忠宫女图轴》，上海出版公司，民国三十七年（1948）。

收藏：宋璜原藏

按：该图为同乡好友宋璜而作。图中有王崇简题诗：梦醒诗书在，偏宜疏淡妆。临春风起媚，当夜月生香。性静成幽感，情微照寂光。幸同君子室，环佩有余芳。为玉仲盟兄题，社弟王崇简（真书四行）。钤印：崇简（朱文）、敬哉父（白文）

苏轼留带图

质地：纸本 设色

尺寸：纵81.4cm，横50cm

题识：崔子忠画。

钤印：（一印漫漶不可识）

著录/出版/展览：

[清]张照纂《石渠宝笈》卷十下《明崔子忠画苏轼留带图》一轴（贮御书房），清乾隆内府钞本。

国立北平故宫博物院编《故宫书画集》第二十二期《十三明崔子忠苏轼留带图》，北平故宫博物院，民国二十一年（1932）。

台北故宫"中央"博物院联合管理处编《故宫书画录》卷五《明崔子忠苏轼留带图》，中华丛书委员会，1956年，第424页。

中国历代名画集编辑委员会编《故宫博物院所藏·中国历代名画集》前编下卷《明崔子忠苏轼留带图》，人民美术出版社，1960年。

台北故宫博物院编《晚明变形主义画家作品展》，台北故宫博物院，1977年，第410—411页。

台北故宫博物院编辑委员会编《故宫书画图录》第九册《明崔子忠画苏轼留带图轴》，台北故宫博物院，1992年，第233页。

邱士华编《行箧随行——乾隆南巡行李箱中的书画》，台北故宫博物院，2017年，第92—95页。

台北故宫博物院主办"行箧随行——乾隆南巡行李箱中的书画"（巡展），台北故宫博物院，2017年。

收藏：台北故宫博物院

按：图中清高宗题诗五。

题诗一：印公四大偈，东坡不能答。留带无语去，芥子须弥纳。当时胜负机，将谓饶老衲。玉带生莞笑，既拄而复磕。乾隆庚申（1740）长夏御题。钤印：乾隆宸翰（朱文）、几暇临池（白文）

题诗二：道母图中物，头陀寺里逢。山门至今镇，活句觅何从。讵此蓝鞮者，爱他白业宗。中郎如可拟，轼也庶几邕。壬午（1762）仲春，驻金山，见印公所留带题句仍镇山门，命驿致此图观之。因书帧中以志一时清赏。御笔。钤印：几暇怡情（白文）、得佳趣（白文）

题诗三：玉鐾犹是子瞻遗，当日禅机竟若为。山色江声今妙偈，外州内翰昔威仪。本无此任僧伽敚，非有余殊人士垂。欲问曾围肚皮者，经多少不合时宜。乙酉（1765）仲春，驻金山，阅玉带，复题此律。行笈仍携是轴，展观印证并书帧端。御笔。钤印：会心不远（白文）、德冲符（朱文）

题诗四：七百余年玉带遗，笑他佳话竟何为。印公出口遂成偈，坡老围腰竟失仪。胜在负边亦知否，匪伊即我底须垂。山僧匪衍夸珍古，问彼古人宜不宜。庚子（1780）仲春，驻金山，阅带叠旧韵仍书图中。御笔。钤印：几暇怡情（白文）

题诗五：竟与山僧忽若遗，有为法却寓无为。弃如敝屣契真偈，藏以华箱终假仪。印老徒称其语胜，苏公应悔此名垂。鞭然自笑兹拈句，于不宜中增不宜。甲辰（1784）仲春，驻金山，阅东

坡玉带三叠旧作韵并书图中。御笔。钤印：古稀天子（朱文）、犹日孜孜（白文）

鉴藏印：乾隆御览之宝（朱文）、乾隆鉴赏（白文）、石渠宝笈（朱文）、三希堂精鉴玺（朱文）、宜子孙（白文）、御书房鉴藏宝（朱文）、五福五代堂古稀天子宝（朱文）、古希天子（朱文）、太上皇帝（朱文）、八徵耄念之宝（朱文）、石渠继鉴（朱文）、嘉庆御览之宝（朱文）、宣统御览之宝（朱文）

桐荫博古图

质地：纸本　设色

尺寸：纵181.2cm，横75.3cm

题识：庚辰（1640）中秋，长安崔子忠画。

钤印：崔子忠印（白文）、青引氏（朱文）

著录 / 出版 / 展览：

［清］张照纂《石渠宝笈》卷七《明崔子忠桐荫博古图》一轴（贮养心殿），清乾隆内府钞本。

徐邦达编《历代流传书画作品编年表》，上海人民美术出版社，1963年，第134页。

伦敦中国艺术国际展览会筹备委员会编《参加伦敦中国艺术国际展览会出品图说》第3册书画《五明代书画：明崔子忠桐荫博古图》，商务印书馆，1936年，第219页。

台北故宫"中央"博物院联合管理处编《故宫书画录》卷五，中华丛书委员会，1956年，第425页。

中国历代名画集编辑委员会编《故宫博物院所藏·中国历代名画集》前编下卷《明崔子忠桐荫博古图》，人民美术出版社，1960年。

台北故宫博物院编《晚明变形主义画家作品展》，台北故宫博物院，1977年，第418—419页。

台北故宫博物院编辑委员会编《故宫书画图录》第九册《明崔子忠桐荫博古图》，台北故宫博物院，1992年，第225—226页。

收藏：台北故宫博物院

按，图中清高宗题诗：碧梧桐下草铺茵，博古相于会翰宾。夏鼎商彝共左右，墨华笔露永鲜新。书童雅称双丫髻，居士偏传垫角巾。仿佛苏王留妙躅，当年取咎致何频？丙戌（1766）新秋月，御题。钤印：乾隆宸翰（朱文）、几暇怡情（白文）

鉴藏印：乾隆御览之宝（朱文）、养心殿鉴藏宝（朱文）、石渠宝笈（朱文）、石渠继鉴（朱文）、嘉庆御览之宝（朱文）、宣统御览之宝（朱文）

洗象图

质地：绫本　设色

尺寸：纵177.5cm，横50.7cm

题识：从晋册五十三相中悟得此相，为玉仲窗兄画。崔子忠庚辰（1640）秋日摹钱舜举笔意。

钤印：子忠之印（白文）

著录：［清］方濬颐《梦园书画录》卷十四《明崔子忠洗象图》立幅，清光绪刻本：绫本，今尺高五尺八寸，阔一尺六寸五分，上幅画贝叶，中幅右列一象，象背立一蛮奴，以水倾注。旁一奴用帚承刷，左胡僧普贤三人，多拳发虬髯，穹鼻黝目，一赤足执牟尼子，貌稍晳，当是普贤。一卓锡，执贝经。一袒朱袈裟，臂挂牟尼，手中亦有所执。旁立二童：一冠幅巾，手擎贝叶书；一被发拂额，两手托钵高举。又一星官朱履鞠躬。象下列宝瓶一，盆盂一，似供饲饮者。再下复作贝叶一层，丝络下垂，其下有龙女，妍柔姣好，奇衣宝服，手执珊瑚一株。复有一虬髯，似星官，导引龙王踏波而行，绫素稍有脱落而笔迹劲细，用色精密，亦当日作者经意之笔。从晋册五十三相中悟得此相，为玉仲窗兄画。崔子忠庚辰（1640）秋日摹舜举笔意。

徐邦达《历代流传书画作品编年表》，上海人民美术出版社，1969年，第353页。

收藏：上海博物馆

按：该图为同乡好友宋璜而作。

洗象图

质地：绢本　设色

尺寸：纵 124.3cm，横 52.1cm

著录 / 展览：

〔日本〕铃木敬编《中国绘画总合图录》卷一"A21—188"，东京大学出版会，1982 年，第 248 页。

"中国人物画特展"，美国华盛顿特区史密森尼协会弗利尔美术馆，1973 年。

收藏：美国弗利尔美术馆（查尔斯·郎·弗利尔捐赠）

按：该图曾被民国时巨商庞元济收藏。

伏生授经图

质地：绢本　设色

尺寸：纵 184.4cm，横 61.7cm

题识：海上崔子忠为黄老先生画。

钤印：子忠之印（白文）

著录 / 出版 / 展览：

[清] 王昶编《湖海诗传》卷四十三《崔道母伏生授经图》，清嘉庆八年（1803）三泖渔庄刻本，15 页 b—16 页 a。

中国古代书画鉴定组编《中国绘画全集 18：明 9》，浙江人民美术出版社、文物出版社，2000 年，第 92 页。

故宫博物院、上海博物馆编《南陈北崔——故宫博物院、上海博物馆藏陈洪绶、崔子忠书画集》，上海书画出版社，2008 年，第 196—197 页。

故宫博物院、上海博物馆主办"南陈北崔——故宫博物院、上海博物馆藏陈洪绶、崔子忠书画特展"，上海博物馆，2008 年。

收藏：上海博物馆

按：该图为明末学者黄道周而作。题签、鉴赏印有：

（一）[清] 奚冈题外签：崔青蚓伏生授经图，龙尾山房珍藏。蒙泉外史书签。钤印：蒙泉外史（白文）、奚冈（朱文）

（二）[明] 黄道周鉴藏印：黄道周印（朱文）

（三）[清] 丁敬印：龙尾山房（朱文）、龙尾山房珍藏（朱文）、龙泓馆印（白文）、丁氏敬身（朱文）

（四）[清] 钱杜印：壶公过眼（白文）

（五）其他鉴藏印：宜子孙（朱文）、希世名迹（朱文）、性存（朱文）、秋林读画（朱文）、张子秋家藏（朱文）

扫象图

质地：绢本　设色

尺寸：纵 166.1cm，横 50.5cm

题识：予从晋册五十三像中悟得此像，自信不可一世者也。吾卿墅宗兄色未具，遂命题姓字于上，可谓知爱之深耳，是以极力图之。海上崔子忠。

钤印：子忠（白文）、家住三城二水滨（朱文）、画心（朱文）

著录 / 出版 / 展览：

[清] 王杰辑《秘殿珠林续编》乾清宫藏七《崔子忠洗象图》一轴，清乾隆内府钞本。

台北故宫"中央"博物院联合管理处编《故宫书画录》卷五，中华丛书委员会，1956 年，第 423 页。

台北故宫博物院编《晚明变形主义画家作品展》，台北故宫博物院，1977 年，第 416—417 页。

台北故宫博物院编辑委员会编《故宫书画图录》第九册《明崔子忠扫象图》，台北故宫博物院，1992 年，第 227—228 页。

台北故宫博物院主办"晚明变形主义画家作品展"，台北故宫博物院，1977 年。

收藏：台北故宫博物院

按：该图为同乡好友、明礼科给事中姜垛而作。鉴藏印有：乾隆御览之宝（朱文）、乾隆鉴赏（朱文）、宜子孙（白文）、石渠宝笈（朱文）、秘殿珠林（朱文）、秘殿新编（朱文）、珠林重定（白

文)、太上皇帝（朱文）、嘉庆御览之宝（朱文）、乾清宫鉴藏宝（朱文）、宣统御览之宝（朱文）

文殊洗象图（原被认为是宋人作品）

出版：有正书局编《中国名画（1—40）》下册第二十八集《宋人画文殊洗象图》，天津人民美术出版社，2017年，第506页。

收藏：平等阁旧藏

按：狄平子题跋（边跋）：宋人画《文殊洗象图》神品。此幅衣褶笔法绝类唐人，日本人画佛菩萨象颇多与此相似者。唐人画，日本今时尚有留存者，吾国则希如星凤矣。吾疑此画为唐人稿本而宋人临仿者，惜名款为裱工截去，无从揣测矣。狄平子。平等阁主（朱文）、狄平子（朱文）。

该图章法布局、人物造型、线描法、笔墨意趣，与故宫博物院藏崔氏《洗象图》完全相同，为同一系列作品无疑。狄平子称其为宋人临仿唐人稿本，乃误读。

葛洪移居图

质地：绢本　设色

尺寸：纵165.6cm，横64.1cm

钤印：崔子忠印（白文）

鉴藏印：崇节（白文）

著录/出版/展览：

台北故宫博物院编《晚明变形主义画家作品展》，台北故宫博物院，1977年，第585页。

〔日本〕铃木敬编《中国绘画总合图录》第一卷"A22—020"，东京大学出版会，1982年，第261页。

〔美国〕何惠鉴等编《八代遗珍——纳尔逊·阿特金斯博物馆与克利夫兰美术馆藏中国绘画》，克利夫兰美术馆出版社，1980年，第273—274页。

美国克利夫兰美术馆编《不朽之境——中国道教艺术展》，印第安纳大学出版社，1988年，第30页。

美国伯克利大学艺术博物馆主办"无尽江山——晚明中国画"，1971年。

美国纳尔逊·阿特金斯美术馆、克利夫兰美术馆主办"八代遗珍——中国绘画展"，1980年。

美国克利夫兰美术馆主办"不朽之境——中国道教艺术展"，1988年。

美国克利夫兰美术馆主办"克利夫兰美术馆亚洲艺术馆藏经典作品巡回展（2003）"。

美国克利夫兰美术馆主办"克利夫兰美术馆亚洲艺术馆藏经典作品巡回展（2013—2014）"。

收藏：美国克利夫兰美术馆

按，图中鉴藏印：礼卿府君遗物（朱文）、北溥（朱文）、登州戚璋叔王敬观（朱文）、蒯寿枢家珍藏（朱文）、王氏季迁珍藏之印（朱文）、归来草堂（朱文）、小天籁阁（朱文）、项芝房审定（朱文）

洗象图

质地：绢本　设色

尺寸：纵136.5cm，横51cm

出版/展览：

故宫博物院、上海博物馆编《南陈北崔——故宫博物院、上海博物馆藏陈洪绶、崔子忠书画集》，上海书画出版社，2008年，第194—195页。

故宫博物院、上海博物馆主办"南陈北崔——故宫博物院、上海博物馆藏陈洪绶、崔子忠书特展"，上海博物馆，2008年。

收藏：故宫博物院

按：二鉴藏印模糊不辨。

人物故事图

质地：绢本　设色

尺寸：纵55cm，横65cm

钤印：青蚓氏（白文）、崔子忠印（白文）

著录：中国古代书画鉴定组编《中国古代书画图目》第十六册之《明崔子忠人物故事》，文物出版社，2000 年，第 341 页。

收藏：烟台市博物馆

洗象图（原被认为是宋人作品）

质地：绢本　设色

尺寸：纵 152.5cm，横 49.4cm

著录 / 出版 / 展览：

［清］王杰辑《秘殿珠林续编》卷二乾清宫藏《宋人画洗象图》轴，清乾隆内府钞本。

台北故宫"中央"博物院联合管理处编《故宫书画录》卷八，中华丛书委员会，1956 年，第 66 页。

台北故宫博物院编《晚明变形主义画家作品展》，台北故宫博物院，1977 年，第 422—423 页。

台北故宫博物院编辑委员会编《故宫书画图录》第三册《宋人画洗象图》，台北故宫博物院，1989 年，第 311—312 页。

〔美国〕高居翰著、王嘉骥译《山外山：晚明绘画（1570—1644）》，生活·读书·新知三联书店，2009 年，第 303—304 页。

收藏：台北故宫博物院

按，鉴藏印：太上皇帝之宝（朱文）、乾隆御览之宝（朱文）、乾隆鉴赏（朱文）、三希堂精鉴玺（朱文）、宜子孙（白文）、乾清宫鉴藏宝（朱文）、秘殿珠林（朱文）、嘉庆御览之宝（朱文）、宣统御览之宝（朱文）、秘殿新编（朱文）、珠林重定（白文）

该图原被认为是宋人作品，名《扫象图》，后确定为崔子忠真迹。其风格与《桐荫博古图》相近，笔法却更加老辣悲怆，当作于其后。

云中鸡犬图

质地：绢本　设色

尺寸：纵 191.4cm，横 84cm

题识：移家避俗学烧丹，挟子挈妻共入山。可知云内有鸡犬，孳生原不异人间。《许真人云中鸡犬图》，诸家俱有粉本，予复师古而不泥。为南浦先生图之，长安崔子忠手识。

钤印：青蚓氏（朱文）、节义文章事功人品（白文）、画心（朱文）

著录 / 出版 / 展览：

［清］英和纂《石渠宝笈三编》乾清宫藏十一《明崔子忠云中鸡犬图》一轴，清嘉庆内府钞本。

台北故宫"中央"博物院联合管理处编《故宫书画录》卷五，中华丛书委员会，1956 年，第 424 页。

中国历代名画集编辑委员会编《故宫博物院所藏·中国历代名画集》前编下卷《明崔子忠云中鸡犬图》，人民美术出版社，1960 年。

台北故宫博物院编《晚明变形主义画家作品展》，台北故宫博物院，1977 年，第 420—421 页。

台北故宫博物院编辑委员会编《故宫书画图录》第九册《明崔子忠云中鸡犬图》，台北故宫博物院，1992 年，第 231—232 页。

王耀庭、童文娥编《长生的世界——道教绘画特展图录》，台北故宫博物院，1996 年，第 76—77 页。

陈阶晋《"天子之宝——台北故宫博物院的收藏"展品系列（四）：绘画》，《故宫文物月刊》第 247 期（2003 年 10 月），第 45 页。

〔美国〕高居翰著、王嘉骥译《山外山：晚明绘画（1570—1644）》，生活·读书·新知三联书店，2009 年，第 300—301 页。

台北故宫博物院主办"晚明变形主义画家作品展"，台北故宫博物院，1977 年。

台北故宫博物院主办"长生的世界——道教绘画特展"，台北故宫博物院，1996 年。

台北故宫博物院主办"何处是蓬莱——仙山图特展"，台北故宫博物院，2018 年。

收藏：台北故宫博物院

按，黄钺书御制诗（裱绫）：御题崔子忠《云中鸡犬》，用原题韵。慕道心修九转丹，全家避世入名山。何人跨鹤凌云去，犬吠鸡鸣想像间。臣黄钺奉敕敬书。

鉴藏印：乾隆御览之宝（朱文）、乾隆鉴赏（朱文）、嘉庆御览之宝（朱文）、嘉庆鉴赏（白文）、三希堂精鉴玺（朱文）、宜子孙（白文）、石渠宝笈（朱文）、宝笈三编（朱文）、周甲延禧之宝（朱文）、宣统御览之宝（朱文）

云中玉女图

质地：绫本 设色

尺寸：纵 168cm，横 52.5cm

题识：杜远山下鲜桃花，一万里路蒸红霞。昨宵王母云中过，逢驻七香金凤车。王仲彝，汉魏间人也，尝画云中玉女于赤城古壁上，风雨不凋零，至有昇之而去者，百千人不见其多。予画一人于云中，亦复不见其少。画得其情，非以数具也，如曰许旌阳以五十旅行，虽多，亦奚以为。崔子忠识。

钤印：子忠之印（白文）

著录/出版/展览：

中国古代书画鉴定组编《中国绘画全集18：明9》，浙江人民美术出版社、文物出版社，2000年，第92页。

故宫博物院、上海博物馆编《南陈北崔——故宫博物院、上海博物馆藏陈洪绶、崔子忠书画集》，上海书画出版社，2008年，第199页。

宋磊《崔子忠〈云中玉女图〉考略》，《中国书画》2022年第2期（总第230期），第24页。

故宫博物院、上海博物馆主办"南陈北崔——故宫博物院、上海博物馆藏陈洪绶、崔子忠书画特展"，上海博物馆，2008年。

收藏：上海博物馆

按，[清]高士奇题跋：崔子忠，字道册，号青蚓。顺天府学诸生。形容清古，言辞简质，望之不似今人。文翰之暇，留心丹青，规摹顾、陆、阎、吴。居京师，蓬蒿翳然，凝尘满席，莳花养鱼，翛然遗世，兴至则解衣盘礴。一妻二女，点染设色，摩娑指示，共相娱悦。间出以贻，人以金帛请，虽穷弗顾也。史公可法自皖家居，一日过之。见其萧寂闭门，晨炊不继，留所乘马赠之，售白镪四十，呼朋旧酣饮，曰：此酒自史道邻来，非盗泉也。生平好读奇书，于六经无所不窥，尤深戴礼，发为古文诗歌，博奥不逊李长吉。董华亭谓其人、文、画皆非近代所及。遭寇乱，避委巷以饥死。笔墨传世甚少，此《玉女图》与《洗象图》并为神品所善。康熙戊寅（1698）九月十九日雨窗书于柘上简静斋，江村高士奇。

钤印：士奇（朱文）、高澹人（白文）、忠孝之家（朱文）、抱瓮翁（朱文）、耗壮心遣余年（白文）、高氏江村草堂珍藏书画之印（白文）

《息影轩画谱》（版画、书法各43幅）

许由（版画）

像赞（草书）：唐许由，字武仲，阳城槐里人，隐于沛泽。为人据义履方，邪席不坐，邪馔不食，当时贤之。唐尧欲让以天下，由不受，洗耳于颍滨。尝挂瓢树上，风吹有声，亦弃之去。没葬箕山，人号其墓曰：箕山公神，配食五岳，世世不绝。

彭祖（版画）

像赞（行书）：殷彭祖，姓篯，名铿，颛顼孙也。少好恬静，不营世务，惟以养生为事，殷末已七百余岁。王闻之，以为大夫，常称疾，不与政事。

老聃（版画）

像赞（楷书）：周老聃，姓李，名重耳，字伯阳，苦县人也。武王时为柱下史，其后跨青牛，西出函关。关吏尹喜望紫气，祇候之。乃授以《道德经》，凡五千言。

庄周（版画）

像赞（行书）：周庄周，楚人也。著书如《逍遥游》等篇，似长江大河，滚滚灌注，泛滥乎天下，又如万籁怒号，澎湃汹涌，自为一家言，诚一代之异才也。

屈原（版画）

像赞（楷书）：楚屈原，名平，字灵均。楚之同姓大夫，以忠谏为靳尚等所谮，放于田里。原伤暗主乱俗，以是为非，以清为浊。五月五日，遂自投汨罗而死。楚之人于是日为竞渡，以志挽救之情。又以叶裹米为角黍祭之，系以五色缕为之续命焉。

无盐女（版画）

像赞（行书）：齐无盐女，钟离春也，生而貌寝。乃往说宣王，用贤恤民，国遂大治，因立为后。

杞梁妻（版画）

像赞（楷书）：周杞梁妻，杞梁死于莒，其妻迎其柩于路而哭之哀。庄公使人吊之，对曰："君之臣免于罪，则有先人之敝庐在，不敢辱君命。"

范蠡（版画）

像赞（楷书）：周范蠡，字少伯，吴人。相句践，灭吴伯。越后变，匿姓名，泛扁舟，游五湖，号鸱夷子皮。适齐，为陶朱公，三置千金之产。著有《养鱼经》及《致富书》。

鬼谷子（版画）

像赞（楷书）：周鬼谷子，姓王，名诩。隐居云梦山鬼谷，在人间数百年，为人卜筮，无不应验，后遂仙去。

聂政（版画）

像赞（楷书）：周聂政，轵里人也，为严仲子刺韩相，恐贻所亲，乃刳面抉眼而死，人不知何人。其姊名嫈，伏尸而哭曰："死者吾弟聂政也，以妾故重自刑，妾奈何畏诛而灭弟姓名？遂死尸侧。"

孟母（版画）

像赞（行书）：周仉氏，孟子之母也。孟子幼时屋近墦间，乃为嬉戏葬埋之事。母迁居于市，孟子即为贸易之事。母乃迁学舍旁，孟子与群儿列俎豆习礼仪，母乃大喜。

鲁仲连（版画）

像赞（行书）：周鲁仲连，山东临淄人。尝游赵，不肯帝秦，秦军闻之，遂解。新垣衍曰："先生天下士也。"射去，下聊城，齐欲爵之，逃海上，曰："与其富贵而诎于人，宁贫贱而肆志。"

徐市（版画）

像赞（楷书）：秦徐市者，方士也。始皇好神仙方术，市上书请得斋戒，发男女数千人入海求之。于是市与童男女，载耕具、器用、书籍、米麦，去而不返，人传以为仙焉。

韩信（版画）

像赞（隶书）：汉韩信，韩王之后。幼好佩剑，钓于淮阴。后高祖拜为大将，举三齐，封王，卒以吕后谮，死未央宫。

班姬（版画）

像赞（楷书）：汉班姬，名昭，扶风人，彪之女，曹世叔妻也。博学高才，有节行。兄孟坚著《汉书》，未竟而卒，诏昭就东阁踵成之。又尝召入宫，令皇后诸贵人师事焉，世称曹大家。

庞德公（版画）

像赞（行书）：汉庞德公，襄阳人。躬耕陇上，妻馌于前。刘表造而问之曰："先生不官，何以遗子孙？"公曰："人皆遗之以危，我独遗之以安耳。遂同妻隐鹿门山。其子焕为牂牁太守。"

司马徽（版画）

像赞（行书）：汉司马徽，字德操，阳翟人。有人伦鉴识，居荆州，知刘表性暗，必害善人，括囊不谈时事。与诸葛亮、庞统、徐庶为友。有以人物问徽者，初不辩其高下，每辄言佳，其智而能愚，皆类此。

华佗（版画）

像赞（行书）：蜀汉华佗，字元化，谯人。精岐黄术，能剖腹刳肠，愈人疾苦。曾疗关公箭创，后遇害，遂仙去云。

孙夫人（版画）

像赞（楷书）：汉孙夫人，吴王权之妹，为刘先主妻。其后夫人在吴，闻先主在白帝城永安宫晏驾，遂西向而哭，投蠪矶而死。今人祠之，称灵泽夫人。

卫夫人（版画）

像赞（行书）：晋卫夫人，姓李名铄，字茂漪。工笔法，王右军师事之。见右军书法，语王策曰："此子必蔽吾名。"因而流涕簪花格以夫人为首称焉。

绿珠（版画）

像赞（行书）：晋绿珠，姓梁氏，容州人。艳而有才，石崇以真珠三斛致之。善舞，能诗。孙秀求而不与，因谮收崇。崇曰："我为尔得罪。"珠泣曰："效死君前。"奋身坠楼而死。其乡有井，汲饮者生女多美丽，名绿珠井。

刘伶（版画）

像赞（楷书）：晋刘伶，字伯伦，沛人。放诞纵酒，尝自讼曰"天生刘伶，以酒为名，一饮一石，五斗解酲"云。

韦逞母（版画）

像赞（行书）：晋宋氏，韦逞之母也。家世儒学，时适扰乱，经传训诂多失。博士卢壶乃奏请，就韦家立讲堂，置生徒百二十人，隔纱幪受业，封宣文夫人。

陶弘景（版画）

像赞（楷书）：梁陶宏景，字通明。自幼聪慧，于书无所不读，尤善属文，精黄老之学。隐居茅山，梁武帝每有大事，辄造庐请决焉，时人称为山中宰相。著书数十种，号华阳隐居。作三层楼以居之，性爱松风，翛然远俗。及卒，举棺甚轻，人始知其羽化也。

红拂女（版画）

像赞（行书）：隋红拂女，张姓。为杨素执拂，一见卫公李靖，知非常人，易妆奔靖。旅次俱归太原，后为夫人。

司马承祯（版画）

像赞（草书）：唐司马承祯，温人。事潘河正，传辟谷术。唐睿宗召问，曰："为道日损，以至于无。"帝曰："广成之言也。"谥贞一先生。

张旭（版画）

像赞（楷书）：唐张旭，字伯高，吴人。善草书，每大醉，狂呼下笔。或以头濡墨而书，醒而视之，自以为神。时称草圣。

杜甫（版画）

像赞（楷书）：唐杜甫，字子美，襄阳人。举进士不第，献三大礼赋。肃宗即位，拜右拾遗。坐救房琯，流落剑南。依严武，荐为工部郎。工诗，世称诗史。

张巡（版画）

像赞（楷书）：唐张中丞，名巡。身长七尺余，须髯若神。好学，读书三遍，终身不忘，能文章及诗。守睢阳，追城破，与许远、南霁云、雷万春等皆死节，后人为建双忠祠，并许远祀之。

谢小娥（版画）

像赞（隶书）：唐谢小娥者，翁与夫为贼申兰、申春所杀。乃易妆，遍访申氏，手戮之。贞元中，李公佐作传表之。

陆贽（版画）

像赞（楷书）：唐陆贽，字敬舆。年十八，第进士。中博学宏词，得入翰林，擢宰相，参裁可否，时号内相。封宣国公，卒谥曰文，从祀孔庭。

贯休（版画）

像赞（篆书）：唐僧贯休，字德隐，人称禅月大师。有道行，工诗善书。尝梦十六阿罗汉，因绘十六应真尊者于钱唐圣恩寺。笔法遒劲，如有神助，世争重之。钱越王尝师事焉。

王曾（版画）

像赞（行书）：宋王曾，青州人。生时父梦曾子至其家，因名曾。南省廷试，官皆首选。刘子仪戏之曰："状元试三场，一生吃着不尽。"曾正色曰："曾平生志不在温饱。"后拜相，封沂国公。

邵康节（版画）

像赞（楷书）：宋邵雍，清而不激，和而不流。所居蓬荜环堵，不庇风雨，而怡然有所甚乐，人莫能窥，名其居曰："安乐窝。"自号安乐先生。

林逋（版画）

像赞（草书）：宋林逋，字君复，钱唐人。少孤力学，善画工诗，隐居西湖二十年，梅妻鹤子。真宗诏长史，岁时存问。卒谥和靖先生。

苏东坡（版画）

像赞（行书）：宋苏轼，字子瞻，号东坡，四川眉山人。幼有大志，博通经史，属文日数千言，与弟辙同举进士，名擅天下。以节义文章为时所嫉，贬窜至死，卒于常州。前后著述，有集凡百卷。孝宗乾道六年（1170），赠太师，谥文忠，擢其孙符为礼部尚书。

佛印（版画）

像赞（行书）：宋辨才禅师，名佛印，本贾氏子弟，进士。乃慨然出家，然而不为佛老语。能诗，与苏文忠公交善，文忠公尝重其文品焉。

韩世忠（版画）

像赞（楷书）：宋韩世忠，字良臣，延安人。忠勇绝伦，为中兴四将之一。不主和议，罢政家居，骑驴携酒游西湖，作小词以自娱。封蕲王，谥忠武。

真德秀（版画）

像赞（行书）：宋真德秀，字景元，号西山，浦城人。得朱子真传，作《大学衍义序》。立朝以风节谏诤著称，卒谥文忠，从祀孔庙。

金履祥（版画）

像赞（行书）：宋金履祥，字吉夫，号仁山，金华人。以道学为己任，身体力行，友教诸弟子，直接濂洛关闽之绪。卒谥文安，崇祀西庑。

海瑞（版画）

像赞（行书）：明海瑞，号刚峰，广东琼山人也。读书、砥行、清廉为有明之冠。以谏世宗下狱，隆庆登极赦出，荐擢至南京都御史，一红袍服终身。卒于官，百姓罢市，祭送还乡。赐谥忠介。

周遇吉（版画）

像赞（行书）：明周遇吉，锦州卫人。少有勇，入行伍，战辄先登，屡官总兵，官加太子少保，镇宁武。李自成犯境，出兵奋击，杀贼无数，及城陷，犹力战，格杀百人，被矢如猬。夫人刘氏率妇女登屋而射，贼入纵火，遂并殉焉。

秦良玉（版画）

像赞（楷书）：明秦良玉，四川石砫司女帅。崇祯末帅师勤王，召见，赐币羊酒，御制诗旌之曰："蜀锦征袍手制成，桃花马上请长缨。世间不少奇男子，谁肯沙场万里行？"

质地：纸本　墨

尺寸：纵28cm，横14.6 cm（每幅）

著录/出版：

北京图书馆编著《西谛书目》卷二《子部·艺术类》，文物出版社，1963年，第21页b：《息影轩画谱》一卷，明崔子忠绘，清康熙刊本，一册。编号10469。

杨绳信编著《中国版刻综录》，陕西人民出版社，1987年，第296页：刘藏修堂一八六三（同治二年）刊《息影轩画谱》，明崔忠顺绘②48213。

周心慧编《新编中国版画史图录》第九册《清·顺治至乾隆版画》，学苑出版社，2000年，第84页：息影轩画谱（二幅）。

郑振铎著《中国古代木刻画史略》之《十、清早期的木刻画（1644—1795年）》，上海书店，2011年，第172页：《息影轩人物》（1673年刻）。注〔2〕：《息影轩人物》不分卷，首有康熙癸丑年（1673）梁清标序……此本是"残稿"，凡四十三图，均是隐侠之士。此册疑非原刊本，但仍可见其本来面目也。

［明］崔子忠著、［清］梁清标辑《息影轩画谱》，刘藏修堂藏板，同治癸亥年（1863）重镌。

［明］崔子忠《息影轩画谱》，收入吴树平编《中国历代画谱汇编》，天津古籍出版社，1997年，第417—514页。

收藏：国家图书馆

按：该谱现存康熙、同治两种版本，康熙本为原刻本。国家图书馆藏康熙、同治本各一，北京大学图书馆藏同治本一。两种版本内容不尽相同。以上所记画像及像赞，出自国家图书馆康熙本。

附：梁清标《息影轩残稿序》

语云：立德、立功、立言，谓之三不朽。盖人生精神，四体皆处，必弊之势，而所恃以不弊者，惟能立此三不朽。而后名山俎豆，虽万世如见其人。然求之一代之间，千百万人之中，遑遑不一二觏焉。故有志之士，疾没世之无称，既不得其上，不得不思其次也。惟翰墨一道，其殆庶几乎。夫翰墨绢素，数百年纸本，千余年即尤物，为人所珍惜。然劫于兵燹者半，葬于蠹鱼者半，欲求不朽，岂不忧之乎难哉？是又皆处必弊之势而所恃以不弊者，惟付剞劂广传诸天下，其死庶几乎。余友崔子忠，顺天人，字道毋，工书画，好读书，天启时为府庠生。甲申之变，走入土室而死。其所为人物与诸暨陈老莲齐名，世有"南陈北崔"之目。当其暮年，慨世道纷乱，息影深山，杜门却扫，颜其居曰息影轩，故其翰墨罕传于世。此册乃其隐居时浏览史籍以自娱，每遇一古人，或忠、或孝、或奇节、或义侠，无论巾帼丈夫，有契诸心，不觉摹之于手；或搜罗其遗像，或想像于羹墙，务冀萃古人于一堂以为快。余初见之，已约得百余人，不料其志未竟，猝罹家国之变，死后不知归诸谁何之手。皇朝定鼎后，余游京师，于琉璃厂市肆中偶得之，劫烬之余，仅存四十余人，于是以重价购归。昔人有云："凡能拾人遗文、残稿而代传之者，其功德与哺弃儿、葬枯骨同。"念及此，不得不急付梨枣，以传崔君之不朽。不特使后之学者得以作楷模，即古人之忠孝奇节义侠，将更借图以垂不朽。不特古人借图以垂不朽，即后之临风披览者，亦皆起顽廉懦立之思，即谓其不朽，直与立德、立功、立言三而四之，其谁曰不可？因识巅末编诸册首。康熙癸丑百花生日日，里弟梁清标拜撰并书。

左忠贞公肖像

质地：纸本　墨

题识：九皋鸣鹤，冬岭孤松。材堪梁栋，声振苍穹。松高鹤洁，矫矫左公。为仲及世兄写照并题，子忠崔丹。

钤印：崔丹之印（白文）、子忠（朱文）

出版：[清] 左中行辑《左忠贞公外纪》，莱阳瑞记石印局石印本，1916年，扉页。

米万钟红杏双燕图轴跋（行书）

题跋：此米老伯自夸自诩生平不可多得者也，无我一旦快然得之。南人多有扬董而抑米者，可恨未见此幅耳，见此如何不神魂飞荡，甘退三舍，北面请教耶！无我什袭之，非人不可轻与一视，崔生以此相戒。崔子忠题。

钤印：忠（朱文）

收藏：苏州博物馆

按，米万钟题识：崇祯庚午（1630）仲春，写于勺园清寤斋，米万钟。

吴湖帆题首：红杏双燕，崔青蚓题米仲诏画。癸酉（1933）春二月所得，吴湖帆。题跋：在明季时已香光、仲诏并称，号"南董北米"。至今日董画不难觏，而米画竟百不一见，观崔青蚓题曰"不可多得者也"一语，可以知三百年前真迹已寥若晨星，矧今日乎！余收贮二十年，香光轴亦十余事，若卷册凡七八，计他家果不止也，而米画只此一本。观其用笔章法，俱不落宋人以邈，其负果不虚也。况又得崔氏跋之推重若此，可以知此图声价，岂可因非纸本而忽之耶。丙子（1936）二月题于梅景书屋，吴湖帆。

二、文献著录作品

品茶图

[民国] 庞元济撰《虚斋名画录》卷八《明崔青蚓品茶图轴》，清宣统元年（1909）及民国十三年（1924）乌程庞氏上海刻本，第1页：纸本，水墨。山水兼人物，高二尺八寸九分，阔七寸三分，董嗣成、邵弥二题书于本身。层叠青山万绿齐，数椽书屋在溪西。邻家分得新茶美，拟汲清泉试品题。丙辰（1616）三月望后四日写于宝鼎新斋。山左崔子忠。钤印：崔子忠印（白文）、道母（朱文）。爱此风光好，周遭对碧峰。高怀闲雅处，品茗兴初浓。董嗣成题于萃云山房。钤印：董嗣成印（白文）、庚辰进士（白文）。山光如洗正初晴，黄鸟枝头弄巧声。有客到门茶具美，幽居盛事称心情。北海以此图见示，率题如右，瓜畴邵弥。钤印：吴下阿弥（白文）、印渚鉴藏（朱文）。

徐邦达编《历代流传书画作品编年表》，上海人民美术出版社，1963年，第134页。

胡僧图

[清] 谈迁《北游录》纪邮下，中华书局，1960年，第127页：壬申，朱生生国寿来，前兵部郎中，仕清陕西参政；癸酉，答朱生生，留饮，见崔青蚓所画胡僧，深得古致。生生语明季事颇悉。

三酸图

[清] 陈介锡编《桑梓之遗录文》卷九第八十五册《莱阳崔文学子忠三酸图扇一》，收入《山东文献集成》第一辑（4），山东大学出版社，2006年，第366页下栏：金纸残。《三酸图》起于郭忠恕，盖谓酸出于淡，知淡则可与言酸，今人画三人当醯瓨者，殊失其旨。眉山长公曰："咸酸未必是盐梅。"举此言以问郭更云何？乙丑（1625）夏为中贞先生图并记其说如此。海上崔子忠□□。

按：该图为明末义士路中贞而作。曾藏陈介锡家。曹鸿勋《刘嘉颖摹崔子忠桃李园夜宴图跋》（山东博物馆藏）记载："崔高士画人间流传绝少，向尝于吾邑陈氏文石山房见《三酸图》《静女图》《渔家傲》三便面……"或指该作品。

翎毛

廉泉编《扇面大观》第二集《明二：崔子忠笔翎毛》，〔日本〕神户扇面馆，1915年。

桃源图

[清]汪师韩《上湖诗文编》纪岁诗编卷一《题崔青蚓三画扇》，清光绪十二年（1886）汪氏刻丛睦汪氏遗书本，18页b—19页a：世人那得桃园地，经六百年世常避。我观桃源何地无，寻林问津诚区区。崔丹手写摩诘句，渔人俗客著无处（图无渔人）。植杖一翁知更谁，桃源倘是庐山路（桃源图上书右丞桃源行）。

按，王崇简《青箱堂文集》卷十《题画》记载："昔人（崔子忠）画桃源，田溪村屋出没于山光云影间，而人物隐蔽其中，山外一渔舟，超旷可想。"与汪诗记载印合，或为同一作品。

佛及诸天像

[清]汪师韩《上湖诗文编》纪岁诗编卷一《题崔青蚓三画扇》，清光绪十二年（1886）汪氏刻丛睦汪氏遗书本，第19页a：常星西坠佛者生，前佛后佛然百灯。阎浮二像迹非有，岂有图画名可名？天龙人鬼国八万，证果同参本来面。嘤虎咒蟒多沙门，枯如落叶方世尊。（画佛及诸天像）

挠首问天意

[清]汪师韩《上湖诗文编》纪岁诗编卷一《题崔青蚓三画扇》，清光绪十二年（1886）汪氏刻丛睦汪氏遗书本，第19页a：白帝二岑高掌悬，青壁无路难夤缘。诧来一夫首蓬葆，耸身上踏苍浪天。好诗岂止骇流辈，手掣峰巅狱灵怪。楚辞辞楚不嫌讹，天问问天何用对。（画挠首问天意）

十八尊者

黄宾虹、邓实编《美术丛书》初集第七辑《享金簿》，浙江人民美术出版社，第222页：莱阳崔子忠，号青蚓，画人物称绝技。人欲得其画者，强之不肯，山斋佛壁则往往有焉，后竟以饿死。予得十八尊者一卷，笔意超迈，神气如生，每一尊者俱有自制小赞，字与画皆儒者笔墨。

十五应真图

[清]俞樾《春在堂杂文》六编二《丁君松生家传》，清光绪二十五年（1899）刻春在堂全书本，30页b—31页a：间道至杭州购求书籍，其装钉成本者十之一，余则束以巨缏，每束高二尺许，共得八百束，皆载之至沪。又自沪至普陀，礼观世音，聚千僧诵佛号，以明处士崔青蚓所画应真十五尊施惠济寺，冀销劫运，存者亡者皆得安乐。

胡君复编《古今联语汇选》第三册《哀挽上（二）》，常江点校重编，西苑出版社，2002年，第262页：钱塘丁松生先生殁后，俞曲园先生为作家传。最君一生之事，大端有二：一曰存文献，二曰筹教养。先生于乱后，搜辑文澜遗书，功最多，为左文襄所知。尝至普陀礼观世音，聚千僧诵佛号，以明处士崔青蚓所画应真十五尊施惠济寺，冀销劫运。

白描罗汉卷

罗振玉《雪堂类稿·戊 长物簿录（三）》戊之三书画目《宸翰楼所藏书画目录》，萧文立编校，辽宁教育出版社，2003年，第579页：明崔道母白描罗汉卷。

罗振玉《雪堂类稿·戊 长物簿录（三）》戊之三书画目《贞松堂藏书画目》，萧文立编校，辽宁教育出版社，2003年，第647页：崔子忠罗汉卷。

高士图

［清］曹溶《静惕堂诗集》卷十五《迪之出崔道母画扇索题仍用九青韵二首》，清雍正刻本，第4页a：球琳征远抱，团扇与渊渟。万里平俦失，三山古墨腥。振衣求浩淼，涤腑纳松苓。不袭丹青貌，如蜺截翠屏。（其一）皇甫图高士，调饥耻粟瓶。茅茨裁至性，嵩华谬真形。亭伯宜苗裔，长康泣尹邢。携来湘浦上，鼓瑟助幽听。（其二）

洛神图

［清］翁方纲《复初斋诗集》卷第四十七苏斋小草三《崔青蚓洛神图》（甲戌中秋为王敬哉作后有董临十三行），清刻本，第1页：彼洛之灵审若斯，阴阳帅雪合与离。神光缥缥倏忽驰，阳林通谷何人知。帝子降兮北渚时，琼华翕艳弥瑶池。清思眇眇不可持，紫空仿佛飘云旗。翩焉骨轻云一丝，五铢衣裾不任吹。水光蒙蒙淡渺弥，云烟细袅穷豪厘。流风回雪霞升曦，凌波想像然犹疑。何从解佩交甫貽，真若翠羽明珠施。要之习礼兼明诗，恐是川上精骇移。崔生崔生洵好奇，仙灵恍惚笔底随。华亭画禅安得追，半段晋帖临奚为。青箱书堂非故基，嗒焉茶梦君谁思。与我苏斋香篆期，窗光皱起芝田漪。画摹恺之书献之，初非绢素非文辞。雪消帘卷小茅茨，一钩淡月西峰规。

［清］吴锡麒撰《有正味斋集》诗集卷十一《崔青蚓洛神图》（款云甲戌中秋崔子中为敬哉盟兄图，后有董香光书十三行），清嘉庆十三年（1808）刻有正味全集增修本，第7页a：渺然涉云水，势若游龙翔。清姿结窈窕，雅步流珩璜。忽忽纵体嬉，翩翩桂旗旁。灵风展衣肃，飘瞥驰神光。中流独延伫，要眇谁相望。所借微波通，恨无良媒将。往愫托琼佩，来情眷明珰。霞升雪回舞，烟墨同飞扬。仿佛众灵集，非潇亦非湘。始知造化笔，开合迷阴阳。画禅室何年，神渚搴余芳。铅华亮勿御，绰态殊可方。古人兴偶寄，冥触相思长。鲍瓜叹无匹，从之阻河梁。

按：该图为顺天好友王崇简而作。

洗浣图

柯尧放《容庵丛稿》附录一《柯尧放先生捐献文物清册》，准印本，1995年，第198页：33崔子忠《洗浣图》一件。

按：该扇面原藏柯家，后捐赠重庆博物馆。根据有关记载，推测其与故宫博物院藏《渔家图》为同一作品。今暂单列编目中。

题陆治岁朝如意图轴

［清］英和纂《石渠宝笈三编》延春阁藏二十四《明陆治岁朝如意图》，清嘉庆内府钞本：（本幅）绢本，纵三尺八寸，横一尺五寸二分……。东风渐绿瀛洲草，彩胜都裁五色丝。今日喜将乐事并，浣花溪上一题诗。崔子忠。钤印二：崔子忠印（白文）、北海（朱文）。

三酸图

［清］翁同龢《翁文恭公日记》（同治辛未），稿本，第25页b：十七日，……仿《三酸图》，画三酸者，三人相对啖梅实。曩见崔青蚓有此本，今又见宛平王崇节本，崇节与青蚓友善，同时所作无疑。绢素剥落，戏摹之，所谓玩物丧志是也。

按：该图内容、质地与瑞典国家世界文化博物馆（远东古物博物馆）藏《三个吃水果的学者》相同，疑为同一件作品。今暂单列一本。

三酸图

［清］曹鸿勋《刘嘉颖摹崔子忠桃李园夜宴图跋》（山东博物馆藏）：崔高士画人间流传绝少，向尝于吾邑陈氏文石山房见《三酸图》《静女图》《渔家傲》三便面，笔力遒逸，神致如生。

按：该图原藏陈介锡家，疑与前述《桑梓之遗录文》卷九第八十五册所载《三酸图》扇面为同一件作品。今暂单列一本。

寿星像

[清] 叶昌炽《奇觚庼诗集》卷中《仲午比部以谢万舫世丈馈岁诗见示，敬和原韵两律并呈万老》，民国十五年（1926）刻本，第42页b—43页a：忆作平津客，两逢吉亥期（己丑在都下客旁喜斋，今二十三年矣）。黄羊涂月祭，青蚓寿星诗（中楹悬崔青蚓寿星象，文勤师有题词）。运集松堂卉，香分竺国枝（所馈为千年运佛手柑盆景）。归田兄弟早，我愧遂初迟。

按，[清] 高承埏《崇祯忠节录》卷一记载："壬午（1642）之岁，余为宝坻令，庚辰同门生沈宸荃彤庵以行人同考北闱，所得士江夏刘敷仁济甫、嘉兴谭贞良元孩（元孩以五经受知于彤庵，人称与济甫为沈门二妙）两孝廉于冬十一月，在京师，特嘱其为写一幅来祝老母屠太宜人六十寿，笔法不让古人，非今日画家所及也。"情节与叶昌炽记载契合。崔氏作寿星图仅见高氏一载，或与该图为同一件作品。

人物画扇

[清] 陈介锡编《桑梓之遗录文》卷十第九十三册，收入《山东文献集成》第一辑（4），山东大学出版社，2006年，第418页上栏：莱阳崔高士子忠人物画扇二。次金纸。淡淡若烟，浓浓若月，轻轻笼水，浅浅笼沙。兔园兄。

徐建融《毗卢精舍集》卷二，上海书画出版社，1998年，第42页：崔子忠人物扇页。寒烟笼水，冷月笼沙，一林梅香，萧然如作梵呗，何必丝竹交响，方称山水清音耳。道母此扇，意存高古，不肯作一笔俗态，世称"南陈北崔"，良非偶然。

彭祖观井图

盖松亭、逢文华、宫树君编《莱阳古今书画艺术家宝典》，山东省烟台市新闻出版局，2006年，第4页：据宋继澄诗稿记载，崔子忠还作有《彭祖观井图》一幅，其亲为题诗，诗曰："井深人所汲，坠陷亦或偶。盖之以车轮，俯视其何有。系身于大树，得非迂愚叟。彭祖八百人，于世恒不苟。示以常爱生，欲人知所守。呜呼适所适，得无屡娶否？"

荷湖泛舟图立轴

〔日本〕山本悌二郎纂《澄怀堂书画目录》卷四，文求堂，1932年：崔子忠《荷湖泛舟图》立轴。

渔乐图

[清] 翁方纲《复初斋诗集》卷四十六苏斋小草二《崔青蚓渔乐图为东河题三首》，清刻本，第1页b：两竿青竹流云活，一径柴门古树中。如此须眉云树影，恐君不是画渔翁。（其一）判得饥肠待酒酤，投纶果要得鱼乎？烟江万里澜回笔，尽作衣纹古篆摹。（其二）邱家珊网日搜奇，不借烟蓑雨笠词。指点虚无禅偈子，梦回香象渡河时。（其三）

洗象图轴

罗振玉撰《雪堂类稿·戊 长物簿录（三）》戊之三书画目《雪堂书画隅录》立轴，萧文立编校，辽宁教育出版社，2003年，第831页：崔道母洗象图轴，绢本设色。高四尺一寸八分，阔一尺七寸八分。海上崔子忠图。南城子忠（朱文）。

按：崔子忠祖居山东省平度市仁兆镇南城子村。该图题识"海上崔子忠图"，同时钤印"南城子忠"，疑作于移居北京之前。

紫荆笃爱图轴

[清] 陆心源《穰梨馆过眼录》续录卷十《崔子忠紫荆笃爱图轴》，清光绪十七年（1891）吴兴陆氏家塾刻本，第9页a：绢本设色，高四尺，广一尺四寸。紫荆笃爱图，北平崔子忠写。子忠私印（白文）。

醉归图

[清]丁敬等著《西泠八家诗文集》(上)丁敬卷，萧建民点校，西泠印社出版社，2016年，第157—158页：崔子忠醉归图跋。此崔高士道母所画也。行笔绵丽，一变□劲清古之气，岂戏效宋元人作邪？中酒公酣态颇缓，十八九女郎扶而行，若不胜任者，跟跄欲何之，殆将入睡乡矣。饮醇酒，近妇人，亦须聪明才智之士，若庸奴纤儿，当付吴道子《地狱变相》中排遣，安有风流清放尔许？戊辰冬至次日书，敬身。

杏花游鹅图

[清]吴其贞《书画记》卷二《崔子中杏花游鹅图》绢画一幅，清钞本：画法甚佳，惜上面多有梅点。

王石城等著《中国历代画家大观·明》，上海人民美术出版社，1998年，第372页：1962年上海人民美术出版社影印《四库全书》钞本《书画记》六卷，为乾隆年间徽州画商吴其贞记录他所见过的法书名画，其中有关崔子忠的作品抄录于后：《杏花游鹅图》绢画一幅。画法甚佳。

杏花双鹅图

[清]吴其贞《书画记》卷六《崔子中杏花双鹅图》绢画一幅，清钞本：丹墨如新，画法工致，精俊如生，上有题识，忘录之，但此图院本颇多，惟乏于韵耳。

王石城等著《中国历代画家大观·明》，上海人民美术出版社，1998年，第372页：1962年上海人民出版社影印《四库全书》钞本《书画记》六卷，为乾隆年间徽州画商吴其贞记录他所见过的法书名画，其中有关崔子忠的作品抄录于后：……《杏花双鹅图》绢画一幅，丹墨如新，画法工致，精俊如生，上有题识，但此图院本颇多，惟乏于韵耳。

鸳鸯图

[清]吴其贞《书画记》卷四《崔子中鸳鸯图》小纸画一幅，清钞本：绘野鸟栖凤尾竹上，有鸳鸯游荡其下，气色亦佳。

王石城等著《中国历代画家大观·明》，上海人民美术出版社，1998年，第372页：《鸳鸯图》，小纸画一幅，绘野鸟栖凤尾竹上，有鸳鸯游荡其下。

李福顺《〈书画记〉与明清之际徽州书画交易》，《艺术百家》2010年第4期，第140页：另有清初参加科举得中的进士，如方山先生，山东人，丁亥（1647）进士。笃好古玩，所藏古法帖颇多。吴其贞曾在方家观赏关仝《秋山晚翠图》绢画一幅，王孤云《曲江楼阁图》小绢画一幅，崔子忠《鸳鸯图》绢画一幅。

墨鸭图

[清]吴其贞《书画记》卷四《崔子中墨鸭图》绢画一幅，清钞本：画有三鸭，盖用焦墨，甚有秀色，气色亦佳，为子中超格妙作也。

王石城等编著《中国历代画家大观·明》，上海人民美术出版社，1998年，第372页：《墨鸭》绢画一幅，画有三鸭，盖用焦墨，甚有秀色，气色亦佳，为子忠超格妙作也。

李福顺《〈书画记〉与明清之际徽州书画交易》，《艺术百家》2010年第4期，第140页：崔子忠《墨鸭图》绢画一幅。

山雀捕蝶图

[清]吴其贞《书画记》卷二《宋元人小画册子一本计四十页》，清钞本：崔子忠山雀捕蝶图绢画斗方一页，气色如新，画法精工如生，左边有题识，切去，尚有剩字。

李福顺《〈书画记〉与明清之际徽州书画交易》，《艺术百家》2010年第4期，第143页：吴从汪三益手买到十一件宋元明名作，是汪背着主人私下交易，还是他有自己的专卖店？不得而知。

这十一件作品是：马远《海亭待琴图》绢画斗方一页，江贯道《高山流水图》镜面一页，马远《明月出海图》绢画镜面一页，朱锐《雪山运粮图》绢画镜面一页，崔子忠《山雀捕蝶图》绢画斗方一页……对每幅画，吴均简单记录保存情况、艺术特色、评价等。

鹁鹑图

[清] 吴其贞《书画记》卷二《宋元小画图一本计十六页》，清钞本：崔子中《鹁鹑图》绢画镜面一页，气色如新，画一鹁鹑立于地坡之上，有红山果倒垂于下，画法精俊，气韵如生，是为神品。

按：该图虽然被列入宋元小画中，但宋元画家中并无"崔子中"，且评语"画法精俊"与《杏花双鹅图》评语"精俊如生"相同，推测其仍然是崔子忠的作品，吴氏将其误归于宋元画家中。

双雁图

[清] 吴其贞《书画记》卷六《崔子中双雁图》绢画一幅，清钞本：画法到家，未必为崔画也。

李福顺《〈书画记〉与明清之际徽州书画交易》，《艺术百家》2010年第4期，第141页：从《书画记》记载看，张黄美手中的画，有些似乎是专为通判王公或大司农梁公采买的，主权不属于他。如康熙十二年六月八日即公元1673年7月21日，吴其贞在张黄美家一口气看了八件宋元明佳作，吴特意注明：以上八种观于张黄美家，系近日为大司农梁公所得者。表明张氏仅仅是过路财神而已。八件作品分别是：黄山谷《谈章》一卷计纸十张，仙姑吴彩鸾小楷《唐韵》一卷计纸二十七张今缺七张，王叔明《太白山》图纸画一卷长卷，朱德润《寒林老屋图》绢画一幅，崔子忠《双雁图》绢画一幅，……。

静女图

[清] 曹鸿勋《刘嘉颖摹崔子忠桃李园夜宴图跋》（山东博物馆藏）：崔高士画人间流传绝少，向尝于吾邑陈氏文石山房见……《静女图》……三便面，笔力迈逸，神致如生。

渔家傲图

[清] 曹鸿勋《刘嘉颖摹崔子忠桃李园夜宴图跋》（山东博物馆藏）：崔高士画人间流传绝少，向尝于吾邑陈氏文石山房见……《渔家傲》三便面，笔力迈逸，神致如生。

辋川图（画屏二十幅）

[清] 宋琬《安雅堂未刻稿》卷四《鬻画屏（崔子忠画辋川图二十幅）》，清乾隆三十一年（1766）刻本，第6页a：博陵之裔狂者流，绘事依然顾虎头。貌得辋川人已去，浑疑摩诘宅仍留。漆园竹馆移三市，翠壑苍岩动五侯。谒遍长安无客赏，只将粉本售吴州。

按：有正书局编《〈中国名画〉（1—40）》下册第三十四集《宋人画辋川园图》（天津人民美术出版社，2017年），漆园竹馆，山川人物、情境与宋琬记载相同，图式、笔法与崔氏风格也类似，可供联想参考。

钟馗嫁妹图轴

[清] 陈崇光《钟馗嫁妹图轴》（南京博物院藏）题识：辛未（1871）初夏，若木陈崇光拟崔青蚓真迹。钟进士事迹，史册无征。升庵杨氏谓开元前已有之，不知何据。然自吴道元奉诏作《啖鬼图》以来，代有名作。若黄筌《寒林钟馗图》、赵松雪《钟馗折梅簪花》等图，是昔皆奉于岁除，非今之遂为天中故事也。又有《移居图》《除夕嫁妹图》，不知谁始。作者矜奇炫异，未必至此，惟灵迹难通，岂亦如贯休之绘应真耶？若木又记。

按：陈崇光有两幅同类作品（另一幅见于《收

藏》2013年第12期总第275期,第19页),内容与吴省钦诗歌《崔子忠钟馗》所载之作品类似,或模仿自该图,由此可知该图之大概。

许旌阳移居图

[清] 朱彝尊《静志居诗话》卷二十一《崔丹》,清嘉庆扶荔山房刻本,第30页a:莱阳宋司臬玉叔曾示予《许旌阳移居图》,鬼物青红,备诸诡异之状,几与龚圣与争能,匪近日画家所及也。

[清] 朱彝尊:《曝书亭集》卷五十四跋十三《许旌阳移居图跋》,四部丛刊景清康熙本,9页b—10页a:许旌阳移居图,宛平崔秀才道母所画。横幅丈余,图中移家具散走者,须鬣臂指,各异情状怪,疑皆鬼也。自吴道子、朱繇传地狱变相,其后貌鬼子、鬼母、钟馗小妹,不一其人。至宋龚高士开,专以鬼物见长,观其骨象狞劣,令人不欢。兹图为神仙移居,故口无哆张,目无很视,较开所状略殊。然先民后贤寄托之情一也。诗言之:"莫赤匪狐,莫黑匪乌。"高士盖有深慨于中寄之笔墨者。崇祯之季,有鬼白昼入市,用纸钱交易,死者魂未离散,叩人门户买棺。彼时思陵命将出师,辇下臣民无一足供驱使者,翻不若旌阳令之使鬼、鬼忘其劳焉。道母绘此,得毋寄托在是与?道母初名丹,晚更名子忠,别字青蚓,国亡,走入土窟中死。图今藏莱阳宋氏,顺治庚子(1660)冬观于云门舟中。

[清] 俞蛟《梦庵杂著》卷七《读画闲评·罗两峰传》,清刻深柳读书堂印本,第25页:昔吴道子尝画地狱变相,鬼子鬼母,极琦瑰僪佹。明季宛平崔道母画《许旌阳移居图》亦有鬼魅。道子人物为古今独步,其画鬼也,乃一时游戏之笔。而道母生当明季,目击乱亡,不无感慨寄托。

[清] 张之洞《(光绪)顺天府志》卷九十八人物志八,清光绪十二年(1886)刻十五年重印本,第43页b:工图绘,为绝技(都门三子传),所作《许旌阳移居图》,横幅丈余,人物怪伟,较宋龚高士开所状鬼物略殊,然寄托之情一也(征存录十)。

按:朱彝尊历数"有鬼白昼入市,用纸钱交易,死者魂未离散,叩人门户买棺""彼时思陵命将出师,辇下臣民,无一足供驱使者"等怪相,称:"道母绘此,得毋寄托在是与?"可知此图乃是针对崇祯十六年(1643)京师瘟疫流行以及明思宗无将可用、无兵可调的形势而作。而在该年初夏,该图原收藏者宋琬恰好赴京为父亲宋应亨请谥,知会故交好友。崔子忠与宋应亨为至交好友,当在知会之列,据此推测该图创作于本年,宋琬得图于本年。

又:今台北故宫博物院藏(传)龚开《钟进士移居图》,绢本设色,纵11.1cm,横332.6cm。画钟馗迁家景象。钟馗头戴桃花(鬼之忌器),骑鹿(喻禄),手执笏板(喻权);身后一鬼手捧三巨元宝,魁星腾飞其上(喻名利),一鬼手捧宝剑紧随其后(喻刑法);众鬼合力牵拉轿车,护送其小妹迎风前行,或手持金吾开路,或举华灯照明,或搬运神龛、家具、博古鼎彝,跌跤、夺拾、戏闹,欢呼雀跃(喻鬼忘其劳)。故事情节、人物道具、人数、画幅尺寸及所表达的主题思想,与朱彝尊《许旌阳移居图跋》印合,图式、笔法与崔氏也基本相同,可知它正是《许旌阳移居图》的原貌。台北故宫博物院编《伪好物:16—18世纪苏州片及其影响》,以其款识"龚开",将其归之于16至18世纪"苏州片"仿龚开作品,观点有待商榷,该图风格与龚开无干,却与崔氏神韵相通,至少应是崔氏《许旌阳移居图》的摹本,从中可以了解该图的全貌和崔氏的创作思想。

钟馗

[清] 吴省钦《白华前稿》卷二十八《崔子忠钟馗》,清乾隆刻本,第8页b:忽然揎袖豪素沾,神妙僵走顾陆阎。庄严宝相渺何处,齿牙栈齾顾垂髯。髯公回面靴皮老,赤豹文狸驯不扰。小妹

谁乘破浪雄，大圭略记终瑰宝。鬼魅易画狗马难，艺事每动神明叹。东都庙壁地狱相，到今倜诡惊人寰。郁陶苦忆有明季，土木形骸军国寄。战骨如麻椒醑空，游魂为市纸钱至。骷髅之乐南面余，崔生感事为此乎？曷不佩作黄神越章符，司门御胜垒与茶（荼），水乡无复饿鬼来睢盱。

按：崔子忠《钟馗图》的故事情节、人物形象（"髯公""回面""靴皮老""赤豹文狸""小妹谁乘破浪雄""庄严宝相渺何处"）及其所表达的主题思想，与《许旌阳移居图》及台北故宫博物院藏（传）龚开《钟进士移居图》皆相印合，疑三者出自同一粉本，抑或是同一件作品（参见拙作《崔子忠〈云中玉女图〉考略》，《中国书画》2022年第2期，第22—25页）。根据诗句"战骨如麻椒醑空""骷髅之乐南面余"，推测该图作于南明弘光政权覆灭前夕。

杜鹃花鸟手卷

[清] 袁翼《邃怀堂全集》诗集前编卷三《题崔青蚓杜鹃花鸟手卷》，清光绪十四年（1888）袁镇嵩刻本11页b—12页a：太学生员鲁男子，国亡走入破窑死。千年望帝魂不归，谢豹花开血痕紫。呜呼！青蚓作画如青藤，墨骨饮绢绢有棱。意匠经营腕曲铁，薜荔山鬼来窥灯。卷中活色双翎小，帝女前身精卫鸟。掷笔时闻歌哭声，故乡烽火东牟岛。君不见，石城重建小南朝，燕子呢喃幕上巢。一时粉本轻鸿毛，龙友梅花蝶叟桃。

按：根据"国亡走入破窑死""石城重建小南朝"及"帝女前身精卫鸟"等语句分析，该图作于南明弘光政权覆灭前夕。

木石存天地，衣冠志古今（行书）

[清] 陈介锡《桑梓之遗录文》卷八第七十八册《莱阳崔高士子忠行书一》，收入《山东文献集成》第一辑（4），山东大学出版社，2006年，第319页下栏：崔高士。高士名丹，字道母，一名子忠，号青蚓，以寄籍为顺天府诸生，工画，贞芥不苟，甲申之变，走入破窑不食死。木石存天地，衣冠志古今。长安崔子忠。（印：□□）

叁 · 崔子忠题识、题跋

逼视之如草书十行下，纵横览之如蟠虹曲葛。古人之画葡萄也，先得之晶光雨露之表，而不惴惴于草枝木理间，求之点睛，政（正）虞飞去。古之画龙者，又得之于云汉空明之外，不事濡毫泼墨为工。师人不如师造化，疑写真而不写伪也。颊上三毛，可与论画。画右翊于尺缣上，远之而□然行，即之而诩诩然笑，退然不胜衣。其右翊之为恭，寂焉无所□。其右翊之言讷，讷然如不出诸其口也。尝试于疏烟淡月之下，游鱼升升之间，开万卷书，引太白酒令，一科头童子以荣枝邛杖，张之前后，依其左右，右翊其自相宾主耶？时年二十有六，日月变迁，图形不易，故附记之。天启壬戌（1622）初冬，北海崔子忠题。

《品画图》题识

丙寅（1626）五月五日，予为玄胤同宗大书《李青莲藏云》一图，图竟而烟生薮泽，气满平林，恍如巫山，复恍如地肺。昔人谓巫山之云，晴则如絮，幻则如人，终不及地肺。地肺之山，云祖也，春峦峦不辨草木，行出足下，坐生袖中，旅行者不见前后。史称李青莲安车入地肺，负瓶瓿而贮浓云，归来散之卧内，日饮清泉卧白云，即此事也。崔子忠。

《藏云图》题识

移家避俗学烧丹，挟子挈妻共入山。可知云内有鸡犬，孳生原不异人间。《许真人云中鸡犬图》，诸家俱有粉本，予复师古而不泥。为南浦先生图之，长安崔子忠手识。

《云中鸡犬图》题识

渔国网罟忘粒食，浮家砧杵急寒衣。毛颖叔雅爱予笔墨，客有持予尺水寸山，非措之重赀，则易之珍玩。曾不问工拙真伪也。使易世后重我如颖叔，则崔生重矣。乃以《渔家图》遗之，欲识崔生真面目耳。北海崔子忠。

《渔家图》题识

一日为玉仲为此，学唐人宫女式而逸之者也。既竟，静观良久，为之言曰：翩然欲步下，幽然有所思，可与净言，可与解语，衣之天缋丝，照之犀脂炬，可乎？敬哉能诗，为我叶言于次，崔子忠识。

《唐代宫女图》题识

渔浦浪高，共钓一江烟雨。山空夜静，满川明月归来。海上崔子忠为孟翁老先生画。

《渔父图》题识

淡淡若烟，浓浓若月，轻轻笼水，浅浅笼沙。兔园兄。

《人物图扇》题识

戊寅（1638）中秋月三日，长安崔子忠为七闽鱼仲先生图此。先生之官去旬日，留之涿鹿，继而回，单骑去金陵。一使皇皇守此图，无此不复对主人，是以不食不寐为之，对宾客亦未去手。鱼仲之好予者至矣！予之报鱼仲者，岂碌碌耶？

《杏园送客图》题识

古之人洁身及物，不受飞尘，爱及草木，今人何独不然？治其身，洁其浣濯，以精一介，何忧圣贤？圣贤宜一，无两道也。慎吾老先生之谓与？为绘倪元镇洗梧桐一事，以祝其洁，可与也。若夫严介自修，三千年上下周秦及今日无两人。吾谓倪之洁，依稀一班尔。自好不染，世之人被其清风，曰：君子嘉乐，端与斯人共永也。长安崔子忠识。

《云林洗桐图》题识

予从晋册五十三像中悟得此像，自信不可一世者也。吾卿墅宗兄色未具，遂命题姓字于上，可谓知爱之深耳，是以极力图之。海上崔子忠。

《扫象图》题识

函翁吾师素手写《金刚》，乃换鹅之《黄庭》也。释与儒当无强生分别。吾师言足以说经，气足以遣魔，聪知足以断六欲，慷慨足以出世相。小子缘"金刚"两字，顾图一佛于首。辛未（1631）九月九日，长安门下士崔子忠手识。

《白描佛像图》题识

此米老伯自夸自诩生平不可多得者也，无我一旦快然得之。南人多有扬董而抑米者，可恨未见此幅耳，见此如何不神魂飞荡，甘退三舍，北面请教耶！无我什袭之，非人不可轻与一视，崔生以此相戒。崔子忠题。

跋《米万钟红杏双燕图》

杜远山下鲜桃花，一万里路蒸红霞。昨宵王母云中过，逢驻七香金凤车。王仲彝，汉魏间人也，尝画云中玉女于赤城古壁上，风雨不凋零，至有异之而去者，百千人不见其多。予画一人于云中，亦复不见其少。画得其情，非以数具也，如日许旌阳以五十旅行，虽多，亦奚以为。崔子忠识。

《云中玉女图》题识

九皋鸣鹤，冬岭孤松。材堪梁栋，声振苍穹。松高鹤洁，矫矫左公。为仲及世兄写照并题，子忠崔丹。

《左忠贞公肖像》题诗

肆·历代评论

崔子忠，字清引，一字道册。莱阳人。少为诸生，以诗名，后侨燕。容辞质茂，画亦追古，人物俱摹顾、陆、阎、吴。妻女亦以娴渲染，闲贻知己，苟以金帛相购，绝不能得。性孤介，卒以穷死。

有明吴次翁一派，取法道元平山，滥觞渐沦恶道。仇氏专工细密，不无流弊。近代北崔南陈，力追古法，所谓人物近不如古，非通论也。

徐沁《明画录》

崔子忠，字青蚓，一名丹，字道母……，于六经无不读，得诸《戴礼》者尤深。为文崛奥，动辄千言，不加绳削而自合，督学御史左公光斗奇其才，置高等食饩。及数试而困，慨然弃去，不复应试。荜门土壁，洒扫洁清，冬一褐，夏一葛，妻疏裳布衣，黾勉操作。三女亦解诵诗，虽无终日之计，晏如也。工图绘，为绝技，时经营以寄傲。人有欲得其画者，强之不可得，山斋佛壁则往往有焉。更善貌人，无不克肖……，所作诗歌古文词，人鲜知者，徒知其画耳。董文敏公尝谓其人、文、画皆非近世所常见。

王崇简《青箱堂文集》

崔道母子忠取法高古，布墨灵秀，意趣在晋唐之间。不袭宋元窠臼，所写人物卓荦幽雅，士女娟妍静逸，均有林下风致，盖其笔墨之称重于艺林者，不在文、沈下也。

北海初名丹，字开予，又号青蚓。崇祯时顺天诸生。曾游董伯宗之门，甚相契重。细描设色，能自出新意，与陈洪绶齐名，号"南陈北崔"。更以文学知名于时。一妻二女皆从点染设色，相与摩娑，共相娱悦，间出以贻相善者，若用金帛请，虽穷饿，掉头不顾也。甲申后走入土室死。明季忠义之士，其画尤足重也。

秦祖永《桐阴论画二编》

陈章侯、崔子中（忠）皆出群手笔，落墨赋色，精意毫发，僻古争奇，各出幽思。子中人物外他画少见，章侯山水、花卉类有平淡天然之作，点染得元人遗意，僻古是其所能，亦其所短也。

方薰《山静居画论》

子忠，……侨居都门，形容清古，言辞简质，望之不似今人。画亦法古，规摹顾、陆、阎、吴遗迹，关、范以下不复措手。……崇祯戊寅，余匏系都城，道母因漳浦刘履丁见余。履丁寓方阁老园池，去余寓一牛鸣地，有疏桐古木，前临雉堞，道母喜其萧闲，履丁去，遂徙居焉，晨夕过从者，凡两月。余放归，道母及华州郭宗昌送余报国寺古松下，余笑谓词馆诸公："公等多玉笋门生，亦有如崔郭两生者乎？"郭亦秦中博雅奇士也。

钱谦益《列朝诗集》

崇祯癸酉，董宗伯思白应宫詹之召，子忠游于其门，甚相器重。悬想倪迂高致，以意为《洗桐图》，貌云林着古衣冠，注视苍头盥树，具透迤宽博之概。双鬟捧古器随侍，娟好静秀，有林下风。文石磊砢，双桐扶疏，览之令人神洒。想其磅礴时，真气吞云梦者矣。子忠不惟善画，更以文学知名于时。

姜绍书《无声诗史》

道册以画见知华亭董尚书，益自重。家最贫，有以金帛请者，概不纳。有二女皆善画。莱阳宋司臬玉叔曾示予《许旌阳移居图》，鬼物青红，备诸诡异之状，几与龚圣与争能，匪近日画家所及也。

朱彝尊《静志居诗话》

崔子忠，……善于丹青，规摹顾、陆、阎、吴遗迹。居京师阛阓中，翛然一室盎鱼盆树，迥出尘表。……生平好读书，尤深《戴礼》，发为古文诗歌，博奥奇崛，非近世所有。

李卫《（雍正）畿辅通志》

明人沿文家画法者遍于东南，数见不鲜，人皆易之。董文敏一变其习气，韵固佳，细实处少，学之者尤浅率，无足观。崔子忠虽尝游文敏之门，然结撰工细秀逸之致，出自天成，非规摹文敏者。

沈初《西清笔记》

博陵之裔狂者流，绘事依然顾虎头。貌得辋川人已去，浑疑摩诘宅仍留。漆园竹馆移三市，翠巘苍岩动五侯。谒遍长安无客赏，只将粉本售吴州。

宋琬《安雅堂未刻稿》

崔子忠，……形容清古，言辞简质，望之不似今人。文翰之暇，留心丹青。然亦法古，规摹顾、陆、阎、吴遗迹，唐人以下不复措手。居京师阛阓中，蓬蒿翳然，凝尘满席，莳花养鱼，杳然遗世。兴至则解衣盘礴，一妻二女皆从点染设色，相与摩娑指示，共相娱说，间出以贻相善者，若庸夫俗子用金帛相购请，虽穷饿，掉头弗顾也。……其赋性孤峭如此。生平好读奇书，于六经无所不窥，尤深于《戴礼》，发为古文诗歌，博奥不逊李长吉，华亭董公其昌尝称之，谓其人、文、画皆非近代所有。

孙承泽《畿辅人物志》

青蚓淡描亦工，作意匪模范以称工，自幽贞而有致，如梵相，眉棱窅然深邃（崔子忠字青蚓，顺天人）；章侯工细艳致丰盈，如餍饫膏泽，咀嚼华英。沈郁者，五酝之酒；照耀者，七宝之城。辨纤微于铢黍，穷巧妙于经营（陈洪绶字章侯，诸暨人）。

谭宗浚《希古堂集》

崔子忠，……好读古书，善绘事。居阛阓中，蓬蒿翳然，凝尘满席，莳花养鱼，杳然遗世。兴至则挥毫作画，妻及二女从点染，亦有生趣。间出以遗同志者，豪贵人用金缯购求，掉头弗顾也。……所作诗文尚奇奥，董其昌谓子忠人品、诗画俱非近代所有。国变后，避居委巷，有周之而不以礼者，却不受，竟以贫饿死。论曰：士君子潜跃见惟适于宜，危乱不居何，莫非洁身之义，然或时平而冥冥，道丧而栖栖，人各有怀，又未可以□会论矣。《易》曰：履道坦坦，幽人贞吉，此其蕴藉，亦岂□量哉？而或托于□诡以自废放，则又其苦衷之所激而难与为言，不然，纯盗虚声腼焉，充隐不过效终南之捷径而已，宁足多乎？

万斯同《明史》

青蚓崔子忠工图绘，明末颇有声誉，时称"南陈北崔"，陈盖谓老莲也。昔予客钱唐丁隐君敬无不敬斋，曾见青蚓《伏生授经图》，人像古拙，衣服雅驯。顷又于沈员外世炜小酉山房见《洗象图》，虽用石青朱砂，然古致磊落，信是高手。

汪启淑《水曹清暇录》

濠梁阿崔留后人，莱阳山水长安尘。有园旁向方阁老，有马赠自史道邻。朱门鼎鼎掉头去，盆鱼盆卉春如雾。冯衍孺入（人）惯对琴，左思娇女频裁赋。忽然揎袖豪素沾，神妙僵走顾、陆、阎。庄严宝相渺何处，齿牙栈齼颐垂髯。髯公回面靴皮老，赤豹文狸驯不扰。小妹谁乘破浪雄，大圭略记终瑰宝。鬼魅易画狗马难，艺事每动神明叹。东都庙壁地狱相，到今倜诡惊人寰。郁陶苦忆有明季，土木形骸军国寄。战骨如麻椒醑空，游魂为市纸钱至。骷髅之乐南面余，崔生感事为此乎？曷不佩作黄神越章符，司门御胜垒与荼（荼），水乡无复饿鬼来睢盱。

吴省钦《白华前稿》

一记一诗一幅画，光芒灿若朝霞烘。潆洄水晶庵外水，夭矫松寥阁前松。去珠还珠符合浦，失马得马异塞翁。若较苏带论优劣，转因历劫夸奇逢。我昨泛舟北固北，未遑瀹茗东泠东。顾盼两峰相辉映，知是宝物精英钟。扣舷欲歌愁和寡，寸莛何敢撞洪钟。

谢元淮《养默山房诗稿》

彼洛之灵审若斯，阴阳帅霎合与离。神光缥缈倏忽驰，阳林通谷何人知。帝子降兮北渚时，琼华翕艳弥瑶池。清思眇眇不可持，萦空仿佛飘云旗。翩焉骨轻云一丝，五铢衣裾不任吹。水光蒙蒙淡渺弥，云烟细袅穷豪厘。流风回雪霞升曦，凌波想象然犹疑。何从解佩交甫贻，真若翠羽明珠施。要之习礼兼明诗，恐是川上精骇移。崔生崔生洵好奇，仙灵恍惚笔底随。华亭画禅安得追，半段晋帖临奚为。青箱书堂非故基，嗒焉茶梦君谁思。与我苏斋香篆期，窗光皱起芝田漪。画摹恺之书献之，初非绢素非文辞。雪消帘卷小茅茨，一钩淡月西峰规。

翁方纲《复初斋诗集》

都人崔青蚓，顺天诸生也。善书绘，轨守寂。无子，赘婿无赖，尽破其产，甲申之乱竟馁死。吴骏公先生题其《洗象图》云："呜呼顾陆不可作，世间景物都萧索。云台冠剑半无存，维摩寺壁全凋落。开元名手空想像，昭陵御马通泉鹤。燕山崔生何好奇，书画不肯求人知。仙灵云气追恍惚，

宓妃雏女乘龙螭。平生得意图洗象，兴来扫笔开屏幛。赤屭如披洱海装，白牙似立含元仗。当时驾幸承天门，鸾旗日月陈金根。鸡鸣钟动双阙下，岿然不动如昆仑。崔生布衣怀纸笔，道冲驺哄金吾卒。仰见天街驯象来，归去沉吟思十日。眼前突兀加摩挲，非山非屋非陂陀。昔闻阿艰骑香象，旃檀林里频经过。我之此图无乃是，贝多罗树金沙河。十丈黄尘向天阙，霜天夜踏宫墙月。乌豆支来三品料，鞭梢趣就千官谒。材大宁堪世人用，徒使低头受羁绁。京师风俗看洗象，玉河春水涓流洁。赤脚乌蛮缚双帚，六街士女车填咽。叩鼻殷成北阙雷，怒蹄卷起西山雪。图成悬在长安市，道旁观者呼奇绝。性僻难供势要求，价高一任名豪夺。十余年来人事变，碧鸡金马争传箭。越人善象教象兵，扶南身毒来酣战。惜哉崔生不复见，画图未得开生面。若使从军使赵佗，苍梧城下看如练。更作《昆明象战图》，止须一匹鹅溪绢。嗟嗟崔生饿死长安陌，乱离荒草埋残骨。一生心力付兵火，此卷犹存堪爱惜。君不见，武宗供奉徐髯仙。豹房夜直从游畋，青熊苍兕写奇特。至尊催赐黄金钱，只今零落同云烟。古来画家致身或将相，丹青惨淡谁千年。"骏公先生又工诗余，善填词，所作秣陵春传奇，今行世。尝作贺新郎一阕："万事催华发，论龚生天年竟夭，高名难没。吾病难将医药治，耿耿胸中热血，待洒向西风残月。剖却心肝今置地，问华佗解我肠千结。追往恨，倍凄咽，故人慷慨多奇节，为当年沉吟不断，草间偷活。艾灸眉头瓜喷鼻，今日须难决绝。早患苦重来千叠，脱屣妻孥非易事，竟一钱不值何须说！人世事，几完缺。"

谈迁《北游录》

生平好读奇书，六经无所不窥，尤深于《戴礼》，发为古文诗歌，博奥不逊李长吉。

孙奇逢《畿辅人物考》

　　予少时得陈洪绶画辄惊喜，及观子忠所作，其人物怪伟略同。二子癖亦相似也。崇祯之季，京师号"南陈北崔"，若二子者，非孔子所称狂简者与？惜乎仅以其画传也。

朱彝尊《曝书亭集》

　　画家工佛像者，近当以丁南羽、吴文中为第一，两君像一触目便觉悲悯之意欲来接人，折算衣纹，停分形貌，犹其次也。陈章侯、崔青蚓不专以佛像名，所作大士像亦遂欲远追道子，近逾丁、吴。若郑千里辈，一落笔便有匠气，不足重也。

周亮工《因树屋书影》

　　莱阳崔子忠，号青蚓，画人物，称绝技。人欲得其画者，强之不肯，山斋佛壁则往往有焉，后竟以饿死。予得十八尊者一卷，笔意超迈，神气如生，每一尊者俱有自制小赞，字与画皆儒者笔墨。

孔尚任《享金簿》

　　昔吴道子尝画地狱变相，鬼子鬼母，极琦瑰僪佹。明季宛平崔道母画《许旌阳移居图》亦有鬼魅。道子人物为古今独步，其画鬼也，乃一时游戏之笔，而道母生当明季，目击乱亡，不无感慨寄托。

俞蛟《梦厂杂著》

　　崔秀才青蚓，名子忠，又字道母。莱阳人。流寓北京，宗伯公暨莱阳诸宋皆与厚善。画尤绝俗，工天官佛子鬼怪诸变相，与诸暨陈洪绶齐名。为人清古傲岸，不苟随人，遭甲申乱，失生计，入败窑中自饿死，……殆所谓狂狷者流。

汪懋麟《百尺梧桐阁集》

　　顾此传闻事非一，画师今得观崖丹。丹也崛强节介士，窟室饿槁甘饥寒。独解尊圣愧浮学，落笔深意寸其闲。智囊刻削激国变，尚古奥谊高难攀。弟子流传失师说，事或可信非等闲。纷纷疑窦特障我，读画直作研经观。

王昶《湖海诗传》

　　崔子忠工图绘，为绝技（都门三子传），所作《许旌阳移居图》横幅，丈余，人物怪伟，较宋龚高士开所状鬼物略殊，然寄托之情一也。

张之洞《（光绪）顺天府志》

　　崔子忠负异才，作画意趣在晋唐之间，不屑袭宋元窠臼，人物士女尤胜，董其昌称之，谓非近代所有。……为诗古文奥博奇崛，……其后画人物士女最著者，曰禹之鼎、余集、改琦、费丹旭。

赵尔巽《清史稿》

参考书目、文献：

1. ［清］高承埏《崇祯忠节录》
2. ［清］王崇简《青箱堂诗集》
3. ［清］王崇简《青箱堂文集》
4. ［清］钱谦益辑《列朝诗集》
5. ［清］孙奇逢《畿辅人物考》
6. ［清］谈迁《北游录》
7. ［清］姜绍书《无声诗史》
8. ［清］周亮工《因树屋书影》
9. ［清］朱彝尊《静志居诗话》
10. ［清］朱彝尊《曝书亭集》
11. ［清］徐沁《明画录》
12. ［清］吴其贞《书画记》
13. ［清］米汉雯等纂《（康熙）宛平县志》
14. ［清］李开泰等纂《（康熙）大兴县志》
15. ［清］梁清标辑、［明］崔子忠著《息影轩画谱》
16. ［清］曹溶《静惕堂诗集》
17. ［清］宋琬《安雅堂未刻稿》
18. ［清］汪懋麟《百尺梧桐阁集》
19. ［清］万斯同《明史》
20. ［清］吴省钦《白华前稿》
21. ［清］李卫《（雍正）畿辅通志》
22. ［清］王杰辑《秘殿珠林续编》
23. ［清］张照纂《石渠宝笈》
24. ［清］英和纂《石渠宝笈三编》
25. ［清］汪启淑《水曹清暇录》
26. ［清］翁方纲《复初斋诗集》
27. ［清］王昶编《湖海诗传》
28. ［清］俞蛟《梦厂杂著》
29. ［清］吴锡麒《有正味斋集》
30. ［清］谢元淮《养默山房诗稿》
31. ［清］俞樾《春在堂杂文》
32. ［清］潘正炜《听帆楼书画记》
33. ［清］李佐贤《书画鉴影》
34. ［清］秦祖永《桐阴论画二编》
35. ［清］谭宗浚《希古堂集》
36. ［清］翁同龢《翁文恭公日记》
37. ［清］袁翼《邃怀堂全集》
38. ［清］汪师韩《上湖诗文编》
39. ［清］陆心源《穰梨馆过眼录》
40. ［清］张之洞《（光绪）顺天府志》
41. ［清］左中行辑《左忠贞公外纪》
42. ［清］叶昌炽《奇觚庼诗集》
43. ［清］陈介锡编《桑梓之遗录文》
44. ［民国］庞元济《虚斋名画录》
45. ［民国］赵尔巽《清史稿》
46. ［民国］罗振玉《雪堂类稿·戊·长物簿录（三）》
47. 邓秋枚编《神州国光集》第五集
48. 有正书局编《〈中国名画〉（1—40）》
49. 〔美国〕福开森编《历代著录画目》
50. 廉泉编《扇面大观》
51. 〔日本〕山本悌二郎纂《澄怀堂书画目录》
52. 国立北平故宫博物院编《故宫书画集》
53. 郑振铎编《域外所藏中国古画集之七·明遗民画续集》
54. 台北故宫博物院编《故宫书画录》
55. 中国历代名画集编辑委员会编《故宫博物院所藏·中国历代名画集》
56. 徐邦达编《历代流传书画作品编年表》
57. 北京图书馆编著《西谛书目》
58. 台北故宫博物院编《晚明变形主义画家作品展》
59. 天津人民美术出版社编《故宫博物院藏历代仕女画选集》
60. 〔日本〕铃木敬编《中国绘画总合图录》第一卷

61. 杨绳信编《中国版刻综录》

62. 台北故宫博物院编辑委员会编《故宫书画图录》

63. 伍蠡甫主编《中国名画鉴赏辞典》

64. 柯尧放《容庵丛稿》

65. 王耀庭、童文娥编《长生的世界——道教绘画特展图录》

66.〔日本〕户田祯佑、小川裕充编《中国绘画总合图录》（续编）第二卷

67.〔日本〕户田祯佑、小川裕充编《中国绘画总合图录》（续编）第三卷

68. 中国古代书画鉴定组编《中国古代书画图目（十六）》

69. 中国古代书画鉴定组编《中国古代书画图目（二十一）》

70. 周心慧编《新编中国版画史图录》

71. 中国古代书画鉴定组编《中国绘画全集》

72. 胡君复编《古今联语汇选》

73. 苏州博物馆编《苏州博物馆藏明清书画》

74. 故宫博物院、上海博物馆编《南陈北崔——故宫博物院、上海博物馆藏陈洪绶、崔子忠书画集》

75.〔美国〕高居翰著、王嘉骥译《山外山：晚明绘画（1570—1644）》

76. 郑振铎《中国古代木刻画史略》

77. 黄宾虹、邓实编《美术丛书》初集第七辑

78. 王冬梅主编《历代书法名家经典·黄道周》

79. 萧建民点校、（清）丁敬等著《西泠八家诗文集（上）》

80. 邱士华编《行箧随行——乾隆南巡行李箱中的书画》

81. 北京画院编《笔砚写成七尺躯——明清人物画的情与境》

82.〔日本〕石原俊明编辑《国际写真情报》二月号第三十卷第二号

83.〔瑞典〕博·维尔海姆·吉伦斯瓦德《欧内斯特·埃瑞克森收藏的一些中国画》，《远东古物博物馆馆刊》第 36 期（1964）[B. Gyllensvärd Bo,"Some Chinese Paintings in the Ernest Erickson Collection." BMFEA, 36（1964），s. 163-4, p1. 7-8]

84. 陈阶晋《"天子之宝——台北故宫博物院的收藏"展品系列（四）：绘画》，《故宫文物月刊》第 247 期（2003 年 10 月）